全国职业教育“十三五”规划教材·城市轨道交通系列

高等职业院校提升办学水平项目建设成果系列教材

城市轨道交通工程技术专业项目化精品推荐教材

全国行业紧缺人才、关键岗位从业人员培训推荐教材

城市轨道交通轨道维护

主编　梁　晨

主审　杨胜凯

北京交通大学出版社

·北京·

内容简介

本书以城市轨道交通轨道维护、线路维护及线路设备维护为重点，条理清晰，精练实用，主要内容包括：轨道维护管理、线路设备检查、线路维护作业、轨道线路设备维护、养路机械作业和巡检。

本书可作为高职高专城市轨道交通工程技术专业的教学用书，也可供与城市轨道交通行业相关的专业技术人员参考。

图书在版编目（CIP）数据

城市轨道交通轨道维护 / 梁晨主编. —北京：北京交通大学出版社，2017.7
ISBN 978-7-5121-3321-1

Ⅰ. ①城…　Ⅱ. ①梁…　Ⅲ. ①城市铁路-轨道（铁路）-维修-技术培训-教材
Ⅳ. ①U239.5

中国版本图书馆 CIP 数据核字（2017）第 193827 号

城市轨道交通轨道维护
CHENGSHI GUIDAO JIAOTONG GUIDAO WEIHU

策划编辑：刘　辉　　　责任编辑：刘　辉
出版发行：北京交通大学出版社　　电话：010-51686414　　http://www.bjtup.com.cn
地　　址：北京市海淀区高梁桥斜街 44 号　　邮编：100044
印 刷 者：北京鑫海金澳胶印有限公司
经　　销：全国新华书店
开　　本：185 mm×260 mm　　印张：9.25　　字数：226 千字
版　　次：2017 年 7 月第 1 版　　2017 年 7 月第 1 次印刷
书　　号：ISBN 978-7-5121-3321-1/U·269
印　　数：1~1 500 册　　定价：33.00 元

本书如有质量问题，请向北京交通大学出版社质监组反映。对您的意见和批评，我们表示欢迎和感谢。
投诉电话：010-51686043，51686008；传真：010-62225406；E-mail：press@bjtu.edu.cn。

前言
PREFACE

我国进入了城市轨道交通建设的大发展阶段。城市轨道交通设施竣工，将产生巨大的设备维修任务。由于不同城市的轨道交通规划不同，所以不同城市的轨道交通设备的维修统一地采用一种维修模式，已经难以适应当前我国城市轨道交通的发展现状。城市轨道交通运营的高密度、不间断、高舒适度的要求意味着轨道设备必须提供安全、可靠的硬件保证，这就要求各城市轨道设施的维护队伍在维修组织设计、维修标准、应急响应等方面建立有效的保障机制；要求不断提高工务管理的水平和维护人员的业务水平，建立一个理论扎实、技术过硬的维修团队，才能确保城市轨道交通的安全运行。

为适应城市轨道交通建设对实用型轨道维护人才的大量需求，我们组织编写了这本城市轨道交通轨道维护教材，本教材由铁路院校、轨道维护单位的专家联合编写，旨在为城市轨道交通工务系统的人才培养提供一本学以致用的教材。

本教材由天津铁道职业技术学院梁晨主编，天津铁路集团工程有限公司杨胜凯主审，具体分工如下：天津铁道职业技术学院梁晨编写项目1、项目3、项目4，天津地下铁道运营有限公司徐杰生编写项目2，天津铁道职业技术学院张鹏飞编写项目5、项目6。

限于编者水平，书中难免存在不足之处，敬请广大读者批评指正。

编　者

2017年3月

Contents

目录

项目1　轨道维护管理 …… 1

任务1.1　维护准备 …… 2
任务1.2　维护计划 …… 4
任务1.3　维护实施 …… 7

项目2　线路设备检查 …… 12

任务2.1　轨道检测 …… 13
任务2.2　线路检查 …… 22
任务2.3　道岔检查 …… 24

项目3　线路维护作业 …… 28

任务3.1　钢轨维护作业 …… 29
任务3.2　扣件维护作业 …… 34
任务3.3　道床维护作业 …… 35
任务3.4　线路维护作业 …… 42
任务3.5　曲线维护作业 …… 56
任务3.6　无缝线路监测与整修 …… 63
任务3.7　线路抢修 …… 66

项目4　轨道线路设备维护 …… 74

任务4.1　道岔维护作业 …… 75
任务4.2　附属设备维护 …… 84
任务4.3　接触轨作业 …… 87

项目5　养路机械作业 …… 91

任务5.1　小型养路机械作业 …… 92
任务5.2　大型养路机械作业 …… 96

任务 5.3　打磨车作业 …………………………………………………………… 99

项目 6　巡检 ……………………………………………………………………… 105

任务 6.1　线路巡道 ……………………………………………………………… 106
任务 6.2　钢轨、联结零件、道岔和接触轨的检查 ………………………………… 110
任务 6.3　线路小补修 ……………………………………………………………… 118

附录 A　钢轨探伤管理规则 ……………………………………………………… 120

参考文献 …………………………………………………………………………… 140

轨道维护管理

【项目描述】

轨道的维护是指线路在施工结束、设备移交、联合调试、试运营、正式运营等各阶段的养护维修活动。

线路正式移交前（施工结束后、设备移交前）的维修养护由原施工单位负责，维修专业单位在正式验收前负责对设备进行全面的检查和测试，检查出的轨道施工缺陷均由原施工单位负责整改，整改后由维修专业单位确认；线路正式移交后，设备的管理权、使用权、安全责任由施工单位转移到运营单位。

线路正式验收后（联合调试、试运营、正式运营）的设备维护工作由维修专业单位负责，以确保行车安全。

【教学目标】

1. 能力目标

- 能根据轨道设备情况编制维修计划并能够进行质量、进度等方面的控制和管理工作；
- 能够针对维修计划进行维修方案的编制，进行相关的资源配置。

2. 知识目标

- 掌握轨道设备维护的技术准备、维护组织、材料机具、作业方法、作业配合等方面的知识；
- 掌握轨道设备维护计划编制的内容和基本要求；
- 掌握轨道设备维护实施的步骤和工作要领。

3. 素质目标

- 养成全面考虑问题的习惯；
- 养成分工协作的意识；

- 具备一定的协调组织能力。

相关案例

某城市轨道交通公司轨道维护概况

某城市轨道交通公司开通的第一条线路的运营里程为21.697 km，设车站16座。其中地面线长1.596 km，占7.4%；高架线长5.260 km，占24.2%；地下线长14.841 km，占68.4%；另有配线（存车线、折返线等）长0.808 km。正线共有曲线76个共计16.381 km，最小曲线半径为350 m，正线曲线有超高无加宽。

（1）该城市轨道交通公司计划于试运营当年5月正式接管全线，9月开始试运营，正式接管前后根据各系统的具体施工进度进行车辆冷、热滑试验和各系统的单项调试，以及多系统的联合调试工作。维修专业单位根据轨道设备的验收标准组织不同的验收小组对轨道设备主体及附属设施进行全面的检查，检查过程中不断与施工单位对接，要求施工单位对检查出来的问题进行整改，正式验收时，根据最终检查结果出具线路质量评定报告。报告对检查出来的问题进行相应的归类，并根据问题的轻重缓急程度要求施工单位进行相应的处置。严重影响列车运营安全的问题（如轨道几何状态的三级超限、钢轨母材或者焊头的重伤、钢轨焊接接头的外观超标等问题）必须在接管前得到有效的解决；对于轨道几何状态二级以下超限、个别扣件缺失、个别扭力矩不达标及不影响行车的轨道附属设备的缺陷等问题可以在正式接管后由施工单位解决或者由运营单位与施工单位协商解决。

（2）运营单位应在设备正式接管前开始组建轨道维护队伍，从技术准备、人力组织、材料设备到位等方面开展相应的工作，重点做好轨道技术文本（轨道维护相关技术文件）编制，修制、修程确定，维修计划编制，维修资源配置等相关工作。

任务1.1 维护准备

【工作任务】

通过轨道设备维护准备知识的学习，掌握以下能力：

（1）根据轨道设备维护的工作要求，编制维修设备台账资料；

（2）根据维修资源配置要求，能够进行班组设置、工器具配备等工作。

【相关配套知识】

1. 维修技术准备

1）技术文本编制

在开展工务轨道设备维修之前，为规范和明确维护活动的工作内容、维修组织、维

护周期、维护标准及作业安全和应急抢修等工作，必须编制大纲性和指导性的技术文本以指导和检查轨道维护活动的实施，具体应编制以下指导性文件。

(1) 工务维修规则：主要对维修组织、维修内容、维修计划等方面进行原则性的规定。

(2) 工务安全规则：主要对工务作业安全、人身安全等方面进行具体的规定。

(3) 轨道检修规程：具体规定轨道检修的工作内容、维修周期、检测方法、维修标准等。

(4) 应急预案文件：针对轨道设备影响较大的故障的应急抢修所制定的相应预案，如断轨、挤岔、涨轨等典型故障的应对措施等。

(5) 重要设备维修细则：针对道岔（含温度调节器）、车挡等对轨道交通运营安全有重要作用的设备，可以制定较为详细的检修细则（具体到某个单独的设备）。

2）技术资料准备

轨道设备正式接管后，为尽快开展轨道设备的维护活动，维护单位必须取得轨道设备的各项技术资料，并把相应的技术标准落实到自身的技术文本中，使轨道维护工作能够有章可循。相关技术资料如下：

(1) 正线线路综合图（竣工图）；

(2) 正线道岔设计图；

(3) 温度调节器设计图；

(4) 扣件设计与组装图；

(5) 正线车挡设计图；

(6) 无缝线路技术资料；

(7) 水准点资料；

(8) 正线曲线资料；

(9) 正线坡度资料；

(10) 车场线平面布置图；

(11) 车场线配轨图；

(12) 停车场车挡设计图；

(13) 车场曲线表；

(14) 车场道岔设计图；

(15) 附属设施技术资料（不含车挡）。

3）轨道设备台账建立

线路设备台账以运营线为单位编制，包含以下表格：

(1) 线路设备数量汇总表；

(2) 正线登记表；

(3) 正线曲线统计表；

(4) 正线辅助线统计表；

(5) 正线道岔统计表；

(6) 辅助线道岔统计表；

(7) 伸缩调节器统计表；

(8) 车场线股道表；

(9) 车场线曲线表；

(10) 车场线道岔表。

2. 维护组织准备

1) 班组设置

轨道维护以一条线路的全部正线加车辆段（含停车场）为一个管理单元，维护单位设置相应的技术管理人员对维护工作进行技术指导、计划安排、检查督促、验收评定等工作。

维护单位下设相应的维护工班：正线轨道工班（8～12 km 设置一个工班）、车辆段轨道工班、轨道探伤工班（25 km 以内设置一个工班），同时根据作业的需要设置一个机械化工班，主要负责工器具、中小型维护机械的维修及钢轨焊接等作业。

2) 维修排班

城轨运营服务时间一般为5:00—23:00，正线轨道设备的维护工作只能在列车停运以后才能进行，所以轨道工班的作业时间有日班和夜班之分。由于城轨运营的特殊性，尤其是在运营时间的应急抢险有着严格的时间和效率要求，所以在工班的排班上要体现24小时覆盖的特点。

【示例1】 某城市轨道交通公司轨道维护单位工班排班表（见表1－1）。

表1－1　某城市轨道交通公司轨道维护单位工班排班表

序号	工班	排班情况
1	车辆段轨道工班	日班（8:30—17:00）
2	正线轨道一工班	夜班（22:00—次日6:00）
3	正线轨道二工班	夜班（22:00—次日6:00）
4	探伤工班	夜班＋日班
5	机械维修工班	日班

3) 维修资源准备

(1) 生产用房准备；

(2) 维修机具准备；

(3) 维修材料准备；

(4) 其他准备。

任务1.2　维护计划

【工作任务】

通过轨道设备维护计划知识的学习，掌握以下能力：

(1) 熟悉轨道维护工作的内容；

（2）合理编制年度维修计划。

【相关配套知识】

1. 维修对象、维修内容及维修计划的确认

1）维修对象

维修对象以轨道设备的组成为主要划分依据，按照路基、道床（城市轨道交通为确保符合环境保护的要求安装了很多特殊减振道床）、轨枕、钢轨、联结零件、道岔（含温度调节器）、车挡及其他附属设施进行分类。

2）维修内容

根据维修对象进行维修内容的分解，对每项维修内容的修程、维修频次进行评定，形成以维修内容为核心的检修规程。

【示例2】 某城市轨道交通公司轨道检修规程的部分内容（见表1-2）。

表1-2　某城市轨道交通公司轨道检修规程的部分内容

序号	设备	修程	主要内容	周期
6	钢轨	日常养护	1. 检查正线钢轨表面是否有伤、掉块及裂纹	每两月
			2. 检查正线钢轨有无折断并做好记录	
			3. 检查基地钢轨表面是否有伤、掉块及裂纹	每半年
			4. 检查基地钢轨有无折断并做好记录	
			5. 正线钢轨常规探伤	每年八遍
			6. 基地钢轨常规探伤	每年两遍
			7. 钢轨焊缝接头探伤	每年两遍
			8. 整治接头错牙	每季度
			9. 有缝线路检查两钢轨接头的对接情况及相错量	
			10. 对发现的轻伤及有发展的伤轨进行观察	每两日
			11. 对发现的疑点及时进行探伤确认并做好记录	根据设备损耗情况确定
			12. 临时处理伤损钢轨	
		二级保养	1. 利用打磨车对钢轨进行打磨	根据设备损耗情况确定
			2. 处理钢轨的串动、爬行情况	
			3. 对钢轨飞边、接头凸出进行打磨	每年
			4. 对钢轨硬弯进行处理	
			5. 调查及调整轨缝	每半年
		大、中修	1. 成段更换伤损钢轨	根据设备损耗情况确定
			2. 全面调整轨缝	

3）维修计划

编制维修计划，组织线路维修之前，必须先合理地确定维修基本单元，正线以整公里为单元，车场线以股道为单元，道岔以组为单元，特别情况可以按照整条曲线为单元。

维修单位要建立车间（中心）、单线、班组三级维修计划体系。

（1）年度维修计划。

年度维修计划主要根据设备维修的周期，按周期表编制。除周期性计划以外，还要结合线路的状态，编制年度重点保养计划。

车间（中心）年度维修计划：车间根据所辖线路（多线或单线）的设备及维修周期所做的年度维修计划。

【示例3】 某维修单位设备年度维修总计划的部分内容（见表1－3）。

表1－3 某维修单位设备年度维修总计划的部分内容

时间 项目	数量	单位	一季度			二季度		
			1月	2月	3月	4月	5月	6月
钢轨维修	85	km	7	7	7	7	7	7
道岔维修	120	组	12	12	12	12	12	12
⋮	⋮	⋮	⋮	⋮	⋮	⋮	⋮	⋮

单线年度维修计划：针对每条运营线路的设备制订的年度维修计划。

【示例4】 某维修单位×号线设备年度维修计划的部分内容（见表1－4）。

表1－4 某维修单位×号线设备年度维修计划的部分内容

时间 项目	数量	单位	一季度			二季度		
			1月	2月	3月	4月	5月	6月
钢轨维修	36	km	3	3	3	3	3	3
道岔维修	48	组	4	4	4	4	4	4
⋮	⋮	⋮	⋮	⋮	⋮	⋮	⋮	⋮

班组年度维修计划：根据各班组所辖设备，在单线年度维修计划的基础上进行分拆的年度维修计划。

【示例5】 某维修单位×号线×号班组年度维修计划的部分内容（见表1－5）。

表1－5 某维修单位×号线×号班组年度维修计划的部分内容

时间 项目	数量	单位	一季度			二季度		
			1月	2月	3月	4月	5月	6月
钢轨维修	12	km	1	1	1	1	1	1
道岔维修	18	组	1	1	2	2	2	2
⋮	⋮	⋮	⋮	⋮	⋮	⋮	⋮	⋮

维修单位各级年度维修计划在具体实施时要分解为月维修计划、日维修计划。例如班组根据年度维修计划在各月的分解情况还要制订班组月度维修计划。

（2）年度维修费用计划。

在编制年度维修计划的基础上，结合物料消耗定额和费用定额标准，编制年度维修费用计划。

对于已投入运营的线路，无论是年度维修计划还是年度维修费用计划，都应该在设备年检之后进行，以线路设备的状态为依据来制订。

（3）月度维修计划。

月度维修计划是年度维修计划的分解。

月度维修计划的编制依据如下：

①年度维修计划与年度重点保养计划；

②上月轨道检查的技术资料。

（4）班组作业计划。

班组作业计划由轨道工班编制，与年计划、月计划的区别是：年计划、月计划只反映计划量的大小与多少，而不反映日程的安排；但班组作业计划要分解到工作日，将本班组的月度养护维修计划按作业日期进行编排。

任务1.3 维护实施

【工作任务】

通过轨道设备维护实施知识的学习，掌握以下能力：

（1）熟悉轨道维护实施的工作内容，编制轨道维护实施计划；

（2）熟悉轨道设备维护作业中的配合计划和操作要点。

【相关配套知识】

1. 施工条件

1）施工封锁

城市轨道交通线路运营时段，列车运行间隔较短（一般只有几分钟），除特别紧急的情况外，所有在轨行区或者与运营相关的设备设施都不能利用行车间隔进行养护和维修作业，必须在夜间停运后到次日运营前的“封锁”时间进行相关作业。城市轨道交通运营部门一般规定某个主管部门（一般为行车控制中心——OCC）协调各专业的作业计划，各设备维护部门根据年度计划分解后的月度计划进行施工计划的提报，每月计划协调部门会进行一次封锁计划协调会议，达成一致后下发月度行车通告，规定各专业施工单位每日列车停运后的设备维护作业和各专业的维修工作所占用的地段和时段。

根据实际情况每半月或一个月编制一次施工封锁计划，总调度所每半月或一个月召开一次施工封锁计划会，对各专业单位的申报计划进行调整。

各专业单位的维修施工一律按总调度所的批文为准进行实施。

日常养护维修作业，各养路工区施工负责人都必须持经批准的书面计划办理作业前的登记手续和作业后的注销手续。

在夜间停止营业期间开行工程列车、轨道车或者自动闭塞设备故障时，实施电话闭塞法行车。

工程列车占用区间的行车凭证为路票，列车发车凭证为行车人员显示的发车手信号。

工程列车发车间隔须达到“三站两区间空闲”的要求。

2）电务配合

在使用轨道电路作为信号闭塞的运营线（尤其在道岔部位）进行轨道维护作业时，工务部门和电务部门的配合作业尤其重要；工务部门在提报月度计划的时候要充分考虑作业有可能对信号设备造成的影响，必要时须要求电务人员进行相关配合工作；同样，电务部门在进行维护作业时需要工务部门进行配合，作业后确认轨道设备状态时，也可申请工务部门配合作业；在季节转换（春转夏、秋转冬）时，工务、电务部门应组织开展设备的联合整治工作。

工务部门需要电务部门配合作业时，必须在作业前提出要求，计划实际实施时，在电务人员未到场的情况下，严禁进行影响到电务设备的相关作业。

3）供电配合

凡工作人员的正常活动范围与接触网带电设备的安全距离不足 1 m 或者相关作业会对供电设备造成影响时，必须停电作业。工务部门需要断电配合时，必须在计划中提出相关要求并在得到供电部门会签同意后方可进行作业。

凡需接触网停电的作业，必须断开相应的断路器，拉开相应的隔离开关，并进行验电接地。

隔离开关操作人员必须熟悉供电系统的隔离开关、分断绝缘器位置及线路有无接触网等相关情况。

4）车辆配合

工务部门在进行钢轨、辙叉、道砟等材料及相关重型设备运输时，还必须要求工程车辆进行配合作业，城市轨道交通工程车辆进入施工封锁地段按照相关规定执行。

2. 施工日常管理

在施工运作过程中，车间级层次（按运营线为单元的管理层次）日常业务工作如下：

（1）编制月度生产计划；

（2）编制月度材料申购计划；

（3）每半月编制一次线路封锁计划；

（4）审核工区的作业计划；

（5）申请“工、电”施工配合事宜；

（6）进行不定期质量抽查和重点部位检查；
（7）当月综合维修项目验收；
（8）办理线路材料备品的发放手续；
（9）办理劳动防护用品的发放；
（10）审核工区的月度检查报表和月度生产报表；
（11）编制车间的月度生产报表；
（12）定期组织安全技术教育；
（13）组织安全检查；
（14）组织召开月度安全生产例会；
（15）组织季节性设备检查、节前检查和年度设备检查；
（16）有计划地组织各种抢险演练活动；
（17）组织病害的整治和突发故障的应急抢修。

3. 技术管理

线路养护维修范畴的技术管理工作有以下几个方面：
（1）技术档案资料管理；
（2）设备台账管理；
（3）技术规程的编制和修订；
（4）作业标准的编制和修订；
（5）伤损钢轨、构件的鉴定；
（6）钢轨纵向位移观测分析；
（7）钢轨侧磨观测分析；
（8）沉降观测分析；
（9）线路病害的分析与对策。

4. 维修作业控制

维护作业在施工封锁计划批准后进入到落实阶段，为确保设备维护作业的完成，必须对动态的计划执行情况进行相应的控制和协调。

1）进度控制

进度控制管理是采用科学的方法确定进度目标，编制进度计划与资源供应计划，进行进度控制，在与质量、费用、安全目标协调的基础上，实现工期目标。由于进度计划实施过程中目标明确，而资源有限，所以不确定因素多，干扰因素多，这些因素有客观的、也有主观的。主客观条件的不断变化，计划也随着改变，因此，在项目施工过程中必须不断掌握计划的实施状况，并将实际情况与计划进行对比分析，必要时采取有效措施，使项目进度按预定的目标进行，确保目标的实现。进度控制管理是动态的、全过程的管理，其主要方法是规划、控制、协调。

进度控制的方法很多，有传统的甘特图法，也有与计算机运算密切相关的网络图分析法等，由于城市轨道交通轨道设备维护作业的工序要求不是太紧密，故不需要进行复杂的工期计算，简单的进度图管理即可满足城市轨道交通轨道设备维护的工作要求。

【示例6】 某维护作业的进度控制示意表（见表1-6）。

表 1-6　某维护作业的进度控制示意表

项目 \ 时间		合计	月							
			1	2	3	4	5	6	7	8
钢轨维护/km	计划	5.6	0.8	0.8	无封锁	0.8	0.8	0.8	0.8	0.8
	实际	5.6	0.8	0.7	无封锁	0.8	0.9	0.9	0.8	0.7
道岔维护/组	计划	/	/	/	无封锁	/	/	/	/	/
	实际	/	/	/	无封锁	/	/	/	/	/
⋮		⋮	⋮	⋮	⋮	⋮	⋮	⋮	⋮	⋮

由表 1-6 可知：钢轨维护计划执行第二天，计划完成 1.6 km，实际完成 1.5 km，进度滞后 0.1 km；

钢轨维护计划执行第三天，无封锁；

钢轨维护计划执行第四天，计划完成 2.4 km，实际完成 2.3 km，进度滞后 0.1 km；

钢轨维护计划执行第五天，计划完成 3.2 km，实际完成 3.2 km，进度正常；

钢轨维护计划执行第六天，计划完成 4.0 km，实际完成 4.1 km，进度超前 0.1 km；

…… ……

月度计划的执行中，相关的技术管理人员要定期对现场班组的作业进度进行检查，发现滞后和超前要适当加以控制。

当然，对于复杂的单项施工（如钢轨焊接），可以使用网络图分析法，控制单日封锁作业的时间。

2）质量控制

质量控制是指对项目质量实施情况的监督和管理。维护活动质量控制的主要内容包括：维护活动结束后设备质量与质量标准的比较确认，轨道维护质量误差与问题的确认，轨道维护质量问题的原因分析和采取纠偏措施以消除项目质量差距与问题等一系列活动。

设备维护单位必须建立轨道设备维护质量保证体系。在维护文本中要规定检修作业的标准、验收标准、检查周期及相应的绩效奖惩制度。

3）费用控制（略）

4）安全控制（略）

【项目小结】

(1) 维护准备是轨道维护的重要环节，维护准备活动围绕“人、机、料、环、法”五大生产要素展开；重点要做好技术文本的编制，为轨道设备维护奠定技术基础，同时要及时掌握设备的准确资料；轨道设备维护开展前还必须进行维修资源的配备工作。

(2) 维修计划是维修单位对维修对象开展的维修活动在时间跨度上的安排，在时间跨度的分解上体现为年度计划、季度计划、月度计划、日计划等形式；在实施主体上体现为车间（中心）、单线、班组三级维修层次，这是把大的年度总体计划进行细分，逐一落实维修任务和责任的过程。各级计划的分解和实施是年度计划能够实现的保证。

(3) 维修实施是各级维修单位对维修活动的具体实施，维修活动的开展须在维修单位内部做到计划分解落实到位。考虑到城市轨道交通是多专业密切联系的复杂体系，轨道维护作业还要做好与相关配合和接口单位的协调工作。维修活动的进度、质量、费用、安全控制是确保维修活动能圆满实现的具体方法。

【复习思考题】

(1) 轨道维修的技术准备工作有哪些？
(2) 轨道维修的组织准备工作有哪些？
(3) 轨道维护活动开展前，维修单位应取得的技术资料有哪些？
(4) 班组设置的原则有哪些？
(5) 轨道维修对象确定的依据是什么？主要的维修对象有哪些？
(6) 如何以维修对象为核心制订轨道设备检修规程？
(7) 工务、电务配合作业中的注意点是什么？
(8) 在轨道维护施工运作过程中，车间（中心）层次日常业务工作有哪些？
(9) 线路养护维修范畴的技术管理工作包括哪几个方面？

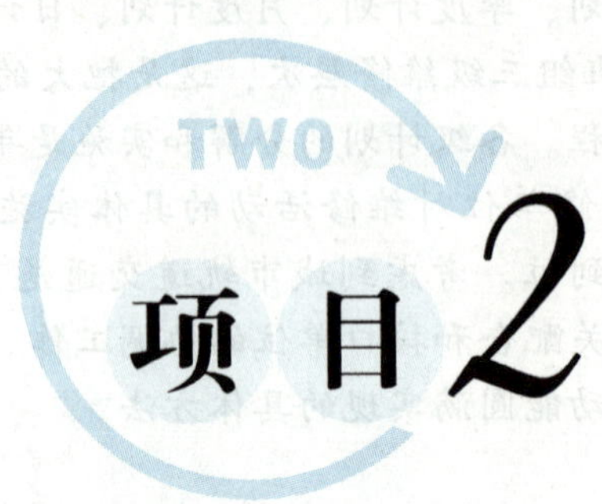

项目2

线路设备检查

【项目描述】

城市轨道交通车辆的运行意味着轮对与钢轨的相互作用和相互影响，轨道设备状态是否平稳与城市轨道交通的安全运营和轮轨设备的使用寿命有着密切的关系。在列车运行的过程中，线路状态总是不断地发生着微弱的变化，这些变化又不断地累积和发展，使设备形成病害而威胁行车安全，因此，要有周期、有目的地对轨道的状态进行调查。

线路设备的检查就是利用各种检查和检测工具及相应的技术手段对轨道及附属设备的状态进行的调查；轨道设备检查是进行设备质量评定的重要手段，也是养护维修作业前的重要程序。

【教学目标】

1. 能力目标

- 能针对轨道设备检查的要求，开展相应的检测和检查工作；
- 能够独立进行轨道、道岔的检查工作。

2. 知识目标

- 掌握轨道设备检测的类型和要求，熟悉轨道检测的内容和要求；
- 掌握轨道检查的项目、操作方法和技术标准；
- 掌握单开道岔的检查内容和方法。

3. 素质目标

- 养成全面考虑问题的习惯；
- 养成分工协作的意识；
- 具备一定的协调组织能力。

相关案例

某城市轨道交通公司轨道检测情况介绍

某城市轨道交通公司的第一条运营线于试运营当年5月被正式接管。在正式接管该线路前，维护单位对其进行了相应的检查和检测工作。

(1) 全面检查轨道几何状态：对全线21.697 km线路、3组交叉渡线、5组温度调节器，根据相应的技术标准进行全面检查。

① 轨道几何状态的检查达到了项目和线路的全面覆盖。

② 钢轨的探伤作业做到了全面覆盖，现场的工地焊接接头全部进行人工探伤。

③ 对扣件及钢轨联结零件的力学性能进行了全面检查，确保扭力矩全部达标。

④ 对无缝线路的技术资料及现场标志（含无缝线路爬行观测桩）进行全覆盖检查。

⑤ 施工阶段及竣工后的隧道沉降检测资料的移交。

(2) 线路运营5年后，该维护单位又向上级部门申请购买轨道动态检测车、钢轨打磨车。

轨道动态检测车主要用于对全线路进行检测和评估，并对工班所辖线路的维修质量的几何状态部分进行相应的绩效考核；钢轨打磨车主要用来对钢轨因轮轨作用造成的波浪形磨耗进行打磨修正。

(3) 随着运营时间的推移，陆续出现了扣件断裂、橡胶垫板老化、轮轨噪声等新问题。该维修单位增加了扣件弹性测试、橡胶垫板老化测试、线路噪声和振动检测等维护作业项目。尤其是轨道的噪声震动对地面建筑物和居民的影响日益加剧，噪声和震动的测试也成了轨道检测的重要内容。

总体来说，轨道检测从线路验收开始，就一直紧密伴随着设备维护活动的始终。轨道设备的检测是对施工质量的检验，也是对维修质量的考核，同时也是以人为本的人文理念的要求。

任务2.1 轨道检测

【工作任务】

通过轨道检测知识的学习，掌握以下能力：

(1) 根据轨道检测的工作要求，进行相应的线路检测工作；

(2) 根据无缝线路检测技术标准的要求，进行无缝线路状态的监测。

【相关配套知识】

1. 检测相关知识

1）检测类型

根据检测方法和介入的程度，轨道检测可以分为两大类型。

（1）巡视型轨道检测。

巡视型轨道检测就是在徒步中进行目测，鉴定设备的状态。有许多轨道不良状态不需要进行精密测量，通过目测就能够鉴别。

（2）检测型轨道检测。

检测型轨道检测分为一般测量检测和精密测量检测两种。

一般测量检测是通过简单的测量长度、力学、温度等的器具对轨道几何形位和其他状态进行的量测，属于常规手段。

精密测量检测是通过精密和高性能仪器对轨道状态进行的监测。随着科学技术的迅猛发展，应用高科技手段对轨道及土建设备的运行状态进行精密测量，必然成为现代轨道交通轨道检测不可缺少的重要手段，但高科技的检测手段必须坚持与传统的人工检测相结合，比如线路在经过养护维修作业之后，收工前的状态检查还是人工检测较为方便。

2）检测的频率

设备检测，根据不同的目的和需求，有各不相同的内容、频率、周期和方法。

检查频率的高低，由以下三个方面决定：

（1）重视程度；

（2）设备质量的可靠程度；

（3）对设备状态的掌握程度。

极低的检查频率，反映重视不够，但频率并不是越高越好。如果设备质量可靠程度较高，检查的频率可以适当降低。高频率的检查，看起来是重视安全，其实只能代表对设备真实的状态掌握不够，导致过多地投入不必要的人力和财力，因此，线路检查必须具有科学性、合理性。

常规性的设备检查，通常按周期进行分类，分为日检、周检、月检、年检等。还有不同气候条件下的季节性检查和重大节日前的例行检查。

日检、周检、季节性检查和节前检查均为巡视型检查，其基本模式为：巡视＋抽测。

月检与年检属于检测型的检查，不仅检查的范围要达到全线覆盖，而且检查的项目必须做到各专业覆盖。

在检测时，被检测线路所处的状态有所不同，有的轨道处于静态，有的轨道处于动态，相应地，工务检测可以分为静态检测与动态检测。

工务专业人员的责任就是不断调查、研究、调整、改善轨道的状态，以满足安全运营的需要。因此，工务设施、设备的检测是养护维修工作极其重要的组成部分。

管理轨道的责任部门，首先应建立检查制度，其次要按制度组织实施，对于检查的结果应认真进行分析，并根据质量问题的轻重缓急，有计划地落实整改，使轨道始终保持良好状态。

3）轨道静态周期检测

（1）日检。

日检是指每日进行的检查，即巡道或巡检，其是以目测为主的检查。

在新线接管的初期，线路在建设期遗留下来的问题尚未完全处理完毕，施工单位尚未完全撤离，运营线路还没有进入封闭或半封闭状态，为确保行车安全，必须坚持巡道制度。试运营期结束，确认日检再无必要时，可以周检取代日检。

（2）周检。

周检，即每周检查一遍，重要岔区，每周检查两遍，检查内容如下：

① 是否存在侵入限界的施工料具和其他障碍物；

② 线路轨面与方向是否有异常变化；

③ 紧固件是否松动；

④ 空吊板及道岔垫板是否断裂；

⑤ 道岔尖轨是否密贴；

⑥ 整体道床是否开裂。

（3）月检。

月检，曾被称作“三全检查”（全员、全线、全面），每月进行一次，这种按一个月为周期的检查，现在统称为月检或月度检查。

月检，除包括周检的项目，还必须增加以下项目。

① 全面测量线路与道岔的几何尺寸。

a）抽查螺栓扭力矩；

b）按季测量曲线正矢；

c）观察钢轨爬行；

d）检查道床与排水设施；

e）检查其他与线路相关的附属设施。

月检结束后，应及时完成全线质量检查资料的汇总。

② 设备关键部位的重点检查。

a）对于钢轨，检查重点是焊接接头和伤损钢轨的发展。

b）对于夹板，检查重点是底扣接头，冬季的大缝接头和夏季的瞎缝接头，以及异型接头。

c）对于道岔，检查重点如下。

（a）尖轨切削部位的状态；

（b）联结杆两端的裂纹；

（c）叉心 30 ~ 50 mm 处的伤损；

（d）护轮轨及螺栓的检查；

（e）滑床板的断裂。

月检结束后，根据检查记录填写线路月检汇总表（见表2－1）和道岔月检汇总表（见表2－2）。

表 2-1　线路月检汇总表

km	轨距	水平	三角坑	方向	高低	正矢	备注

填表：　　　　　　　　　　　　　　　　　　　　　日期：

表 2-2　道岔月检汇总表

线别	岔区	岔号	轨距	水平	方向	高低	小于 1 391 mm	大于 1 348 mm	支距	反超高	尖轨不密贴	备注

填表：　　　　　　　　　　　　　　　　　　　　　日期：

（4）年检。

为全面掌握线路状态，如实评定管内线路质量和养护维修工作质量，同时也为编制次年养护维修工作计划和费用计划提供依据。每年秋季会组织一次设备大检查，年检就是这次秋季设备大检查。年检一般与当月的月检结合进行。年检可以分为轨距水平组、道岔组、轨面方向组、综合组等几个专业小组进行，检查内容应包括所有项目，外业工作结束后，编制线路保养质量评定统计表（见表 2-3）和道岔保养质量评定统计表（见表 2-4），然后编制年度维修费用计划。

表 2-3　线路保养质量评定统计表

评定质量/km				不良分数							其中曲线/条				
优良	合格	失格	合格率	几何尺寸	钢轨	轨枕	爬行	道床	其他	合计	优良	合格	失格	合计	合格率

填表：　　　　　　　　　　　　　　　　　　　　　日期：

表 2－4 道岔保养质量评定统计表

检查数量/组	评定质量				不良分数							
	优良	合格	失格	合格率	几何尺寸	钢轨	岔枕	爬行	道床	优良	其他	合计

填表： 日期：

4）轨道检测的方法

轨道几何形位最基本的要素有轨距、水平、轨向、高低等，各项技术参数的检测应采用现代化检测手段与人工检测相结合的方法。

对轨道基本要素的检测，一共有 3 种方法：第一种是使用轨距尺、弦线等传统工具进行人工检测，第二种是使用手推式小型轨检车进行静态检测，第三种是使用大型轨检车进行动态检测。三种手段分别应用于不同的场合。

大型轨检车检测建议以月度为周期，每月对每条运营线路进行一次检查，一方面是对线路质量状态的分析和评定，另一方面又能以运营线路为单元，对养护维修工作进行评价和考核。

每条运营线路可以配备一两部手推式的小型轨检车，用于该条运营线区域范围内的质量自查，以便及时掌握线路状态，同时还可以用来对维修班组进行质量考核，其运行密度应以周为周期。

尽管使用以上现代化检测装备，但仍然代替不了人工检测。所有的班组，在维护作业过程中始终要对作业过程的质量进行控制，同时，在收工前，还要通过检测，对当天施工地段的作业质量进行最后的确认，并做好检查记录方能离开工地，所以人工检测还会长期存在。

2. 钢轨检测

1）钢轨探伤

应用超声波探伤仪对钢轨进行周期性的探伤，是保证轨道质量的重要措施。钢轨探伤还包括接头焊缝探伤。探伤的周期一般根据运量制定，城市轨道交通线路正线的周期可以定为每月一次，站场线路可以三月一次。探伤的结果每月以报告书的形式上报。凡发现钢轨伤损，探伤人员除了在伤损处做好轻伤或重伤的标记外，还要分别向调度及所属养路工区报告，隔日填报钢轨伤损报告单。伤轨的处理，可以根据轻重缓急，分别采取不同的方案。对于重伤钢轨，不得延误，必须立即处理。钢轨探伤作业过程中必须填写伤损钢轨登记表、伤损钢轨通知书及伤损钢轨月报等记录表格。

2）钢轨磨耗检测

钢轨磨耗检测，由养路工区自行组织，当磨耗量极小时，可以每年检测一次；磨耗至一定程度时，每半年检测一次；磨耗发展到接近重伤标准时，必须每月检测一次，因此，检测的周期完全由磨耗的程度决定。

磨耗测量应与曲线正矢测量相结合，通过对应点的正矢值及磨耗值进行比较分析，从而对曲线线路的状况作出判断。

3. 扣件检测

1）扣件扭力矩检测

扣件扭力矩是保证轨道结构稳定的重要指标，线路扣件的扭力矩必须保持在设计文件的容许范围之内，通常，地面线扭力矩最高，隧道次之，高架线路最低。

扣件的扭力矩并不是越大越好，扣件扭力矩过大，不仅使扣件弹性大大减少，而且影响扣件的使用寿命。无缝线路有一定的计划伸缩量，用以释放一部分应力，如果扭力矩过大，阻止了轨条的伸缩，其效果适得其反。

检测扭力矩，通常依靠扭力扳手人工检测，可以根据线路的长度，按一定的比例进行抽检。

由于扭力矩的大小存在人为因素的影响，因此，要努力提高机械化的作业程度，尤其是要增加小型机械的应用，如普遍使用符合扭力矩范围的标准电动扳手，可以有效解决扭力矩不均的问题。

此外，线路设计时，如果轨道扣件采用施必牢防松螺栓，可达到防松的效果，对线路的稳定能发挥重要的作用。

2）扣件性能检测

一条运营线路，在一定运量的前提下，线路扣件究竟能够使用多少年，从教科书上并不能找到依据。扣件的失效，与线路状况的好坏、线路运量的大小及零配件的质量等各种因素都有关系。在无法进行事先预测的情况下，应在一定的年限内，对扣件进行实验性的检测，养护维修单位不具备实验能力时，可以与相关机构取得联系，进行联合测试，通过实验数据进行分析，为后续的更换扣件工作提供可靠的依据。

4. 无缝线路相关检测

1）无缝线路爬行观测

无缝线路的纵向位移有两种情况，第一种为伸缩，第二种为爬行。长轨条受轨温影响而发生纵向位移，如果当轨温经过多次上升下降的反复，长轨条的位移变化幅度始终与轨温变化幅度保持一定的正常关系，这种情况称为伸缩位移。反之，如果不存在这种关系，钢轨发生纵向位移后不能恢复至原有状态，称为爬行。

通常，利用长轨条的爬行观测桩进行爬行的人工检测。

2）无缝线路温度调节器位移检测

无缝线路温度调节器由基本轨和尖轨组成，基本轨与长轨条连接，尖轨跟端连接长轨或短轨、道岔等。当长轨条发生伸缩时，基本轨即发生位移，从而改变了基本轨与尖轨之间的位置关系。通过设定标志并进行检测，能够掌握钢轨的位移情况。

① 动程观测线：要对基本轨和尖轨在锁定轨温时的状态，即二者之间的相对位置进行确认并制作控制线。其中，基本轨上的线条叫作动程观测线。

② 零位控制线：尖轨上的线条叫作零位控制线。

③ 控制线的设置要求：零位控制线，应通过一定的办法，设置在钢筋混凝土的整体道床上，否则，以尖轨作为参照物，当尖轨发生爬行时，所测数据将会失真。动程观

测线和零位控制线都必须在接近于锁定轨温的条件下设定，如果设定时的轨温条件不能满足，可以通过电子计算机进行数据换算，重新设置正式的控制线。

④ 动程读数：钢轨位移后，动程观测线和零位控制线之间的距离（矢量）叫作动程读数。动程读数是基本轨在某一即时轨温条件下，基本轨所处的位置控制线与零位控制线之间的距离。动程读数是即时值，所反映的数值是钢轨在即时轨温与锁定轨温两种不同状态下的位置差。它只能代表即时轨温与锁定轨温之间的位移量，而不能代表其他任何时候的位移量。

⑤ 正位移：当轨温升高时，无缝线路伸长，基本轨如图 2－1 所示，向左位移，定义为正。

⑥ 负位移：当轨温降低时，无缝线路缩短，基本轨如图 2－1 所示，向右位移，定义为负。

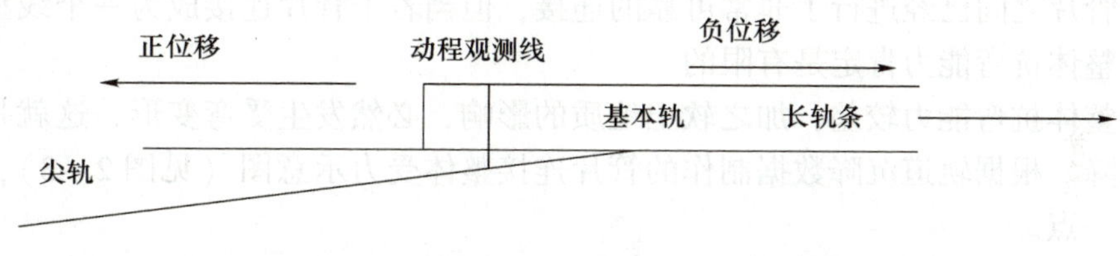

图 2－1 无缝线路温度调节器位移检测

⑦ 位移量：在任意一个时间范围内，钢轨沿线路方向伸缩移动，它的前后两个动程读数之差（后读数减前读数）即为该时间段的位移量。位移是矢量。钢轨伸长时为正位移。钢轨缩短时为负位移。位移量是相对值。

5. 线路沉降检测

以某隧道的沉降资料为例，由于不均匀沉降，使轨面前后高低发生了变化，并改变了轨道纵断面设计坡度，改变了竖曲线的曲率半径，使轨道的几何形位出现超限。因此，沉降观测、沉降技术分析及与此相关的对策措施，都必须引起有关部门重视。

沉降观测应每 5 m 设置一个观测点，编号应与线路里程相匹配，如上行线 K2 + 125，该处沉降观测点的编号应为：S02125，以使测量部门的测点与线路维修部门的检测点完全一致。

测量的周期应每半年进行一次，并及时向线路维修部门提供下列电子版本的资料：

（1）线路原设计纵断面与本期实测纵断面二位一体的线路高程图；

（2）各观测点设计高程与本期高程数据对比表；

（3）各观测点本期沉降量数据；

（4）各观测点本期累计沉降量数据；

（5）以“毫米/月”为计量单位的月度沉降量计算表；

（6）以“（本期－上期）/上期”为计算基准的沉降速度比率汇总表。

设计部门应积极开发设计调高量达 50 mm 的线路扣件，以满足线路水平、高低调整的需要。

如图 2－2 所示，隧道内的每一节管片受到来自上方的压力。

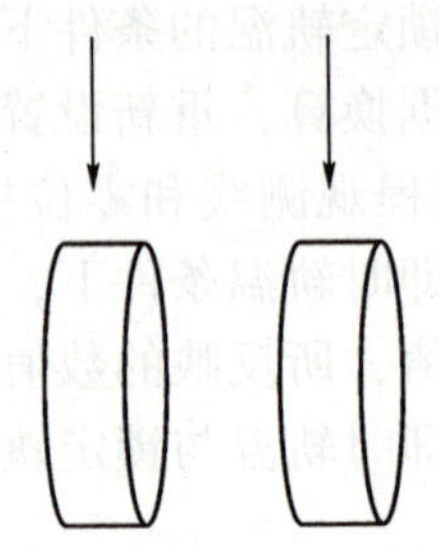

图 2-2　管片受力示意图

根据设计方案，单节隧道管片的强度已完全能够满足抵抗力作用下的变形，但不能防止隧道的下沉，抵抗下沉的能力大小要看由许多管片所组成的整体的性能。

虽然管片之间已经进行了非常可靠的连接，但当若干管片连接成为一个线型时，这个线型的整体抗弯能力肯定是有限的。

由于整体抗弯能力较差，加之软土地质的影响，必然发生受弯变形，这就是所谓的不均匀沉降。根据轨道沉降数据制作的管片连接整体受力示意图（见图 2-3），也完全证实了这一点。

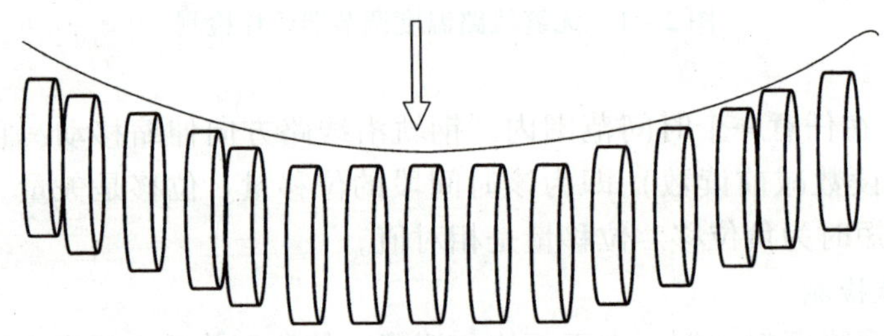

图 2-3　管片连接整体受力示意图

改变设计，使隧道底部、垫层、整体道床三者紧密结合，形成一个纵向的钢筋混凝土连续梁，这样做是否能提高隧道的纵向抗弯强度，值得相关专业技术人员共同探索。

此外，隧道底部外围的压密注浆程度应予加强，使隧道底部以下部分的浆体与软土层凝结成一个不规则的承台，这对阻止隧道的下沉能发挥积极的作用。

6. 线路动态检测

线路动态检测就是利用大型轨检车对线路状态进行检查。由于大型轨检车在运行过程中进行检测，其具有与城市轨道交通列车较为接近的动荷载，通过检测，能够了解线路局部不平顺和区段整体不平顺的动态质量。它能够在检测的同时，对检测的数据进行记录，并能够按事先规定的要求进行数据输出，通过数据分析处理，其结果可以用于指导线路养护维修工作。

通常城市轨道交通运营的初期阶段，使用大型轨检车进行动态检测的设备利用率不高，但当轨道线路网形成规模时，引进轨检车进行现代化的检测，就完全必要了。

线路动态检查项目包括轨距、水平、高低、轨向、三角坑、车体垂直振动加速度和车体横向振动加速度7项。检查结果以千米为单位进行评分。

使用大型轨检车对轨道进行动态检测，是一个庞大的系统工程。它由若干个软件系统组成。

1）采集系统

采集系统是由大型轨检车设计制造厂家根据用户的需求而研制开发的，用户必须为厂家提供研制采集系统的条件：

（1）采集的项目；

（2）采集点位设置的要求；

（3）钢轨断面的几何尺寸；

（4）直线轨道和曲线轨道的几何形位；

（5）采集数据精度的要求；

（6）采集数据输出的要求。

2）数据库系统

将现场采集的数据输入数据库系统，从而建立轨道动态形位的数据库。

3）分析系统

分析系统是现代化检测系统的核心，它根据数据库所积累的数据资料进行分析。

① 实测数据与标准值的比较分析；

② 本期实测数据与历史数据的比较分析，找出形位变化的速率与变化的规律。

4）评价系统

首先建立评价系统，然后通过分析系统所提供的资料，对轨道几何形位的动态质量进行科学的评定，并为养护维修的决策提供可靠的依据。

整个检测系统的运行流程大致如下：

数据采集 → 建立数据库 → 数据分析 → 数据评价

如果把大型轨检车的动态检测作为一个总的系统的话，那么，从数据采集到数据评价的全过程，每一个流程都是这个系统中的分支系统，各个分支系统之间还必须建立它们之间的数据转换系统作为联络纽带，这种数据转换系统也称为系统的接口（见图2-4）。

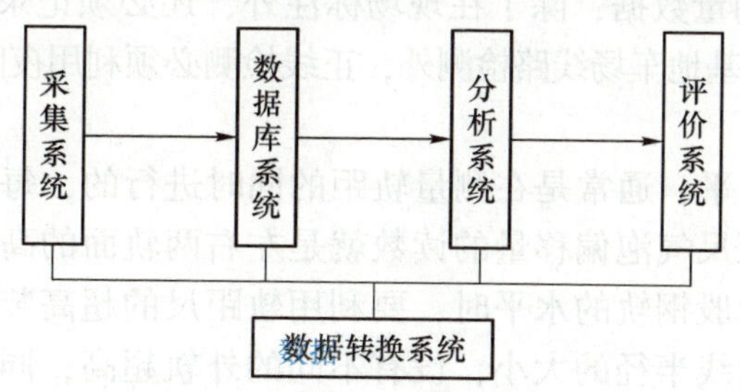

图2-4 系统的接口

此外，大型轨检车的动态检测系统还必须与高程沉降测量系统有接口，才能使分析系统进一步完善。

无论是静态检测还是动态检测，设施的检测要配备现代化的检测设备，以合理的周期对设施进行检测，检测的结果再通过现代化的方法进行科学的分析，从而探索设施的运行质量状态，建立设施的动态档案。这样就形成了一份伴随设备终身的技术档案资料，通过这些技术档案资料，可以科学合理地安排设备的养护维修、大修或技术更新改造。

任务 2.2　线路检查

【工作任务】

通过线路知识的学习，掌握以下能力：

(1) 能够进行轨道极化状态的静态检查；

(2) 能够进行曲线正矢的检查。

【相关配套知识】

1. 线路几何形位的检查

1）轨距测量（人工常规量测）

(1) 检测部位：轨距在轨顶面以下 16 mm 处测量，通常，测量轨距使用专业工具——轨距尺。

(2) 测点设置：每 25 m 长的线路设四个测点（接头、小腰、大腰、小腰），每个测点相距 6.25 m。

(3) 持尺要点：轨距尺应与钢轨保持垂直。

(4) 任意点检测：人工检测，由于测点密度不大，应根据现场情况确定是否临时增设测点。当线路状态处于正常情况，一般仅对固定测点进行量测，当情况异常时，要抽查任意点，主要目的是检查几何尺寸递增或递减的变化率。

(5) 测量记录：测量数据，除了在现场标注外，还必须记录在线路检查记录表上。

(6) 注意事项：除基地车场线路检测外，正线检测必须利用夜间停运后的时间进行。

2）水平测量

使用轨距尺测量水平，通常是在测量轨距的同时进行的，每一测点，同时读取轨距与水平两个读数，轨距尺气泡偏移量的读数就是左右两轨面的高程差。

测量曲线范围内两股钢轨的水平时，要利用轨距尺的超高装置。

曲线地段，根据曲线半径的大小，设有不同的外轨超高，同一曲线，在圆曲线范围内，设置相同的超高，曲线超高的数值在缓和曲线范围内递减。

$$超限数值 = 实测数值 - 曲线超高设置值$$

水平测量的主要事项与轨距测量相同。

3）轨向测量

轨向一般通过目测法观测，目测法观测轨向有异常时，用弦线测量轨向的矢度。

直线段轨道，用 10 m 弦线在轨头侧面测量其矢度。

首先进行看道、点撬，由看道人确定测点，持弦人将 10 m 弦线的两端分别按于测点前后各 5 m 距离的弦位，安置点为轨头侧面以下 16 mm 处，二人将弦线拉紧，测量人员使用直尺于测点部位量取钢轨的矢度。

如果读取数据困难，或钢轨出现反弯，可以在按弦处增设 20 mm 厚度的垫块。加设垫块后的读数，要根据 20 mm 的附加值条件进行换算。

曲线轨道的圆顺度，用 20 m 弦线在轨顶面以下 16 mm 处测量其正矢，其矢度必须符合规定。

4）前后高低测量

轨道在前进方向上纵断面的平顺程度称为轨面前后高低，简称高低。短距离范围的轨面不平顺称为小洼，长距离范围的轨面不平顺称为漫洼。

轨面要求目视平顺，如有坑洼，用 10 m 弦线在轨面测量矢度。其基本原理与测量轨向相同。

轨向测量在钢轨侧面进行。轨向测量是测量钢轨的局部在平面范围内的偏离程度（俗称弯度）。高低测量在轨顶面上进行。高低测量是测量钢轨的局部在立面范围内的偏离程度（俗称低洼或隆起）。

当轨面隆起时，必须增加 20 mm 厚度的垫板，但测量的结果必须进行换算。

线路检查记录表如表 2－5 所示。

表 2－5　线路检查记录表

线别：　　里程：　　气温：　　轨温：

轨号	轨距	水平	三角坑	方向	高低	消灭签认	备注

检查人：　　轨距尺：　　日期：　　负责人：

2. 曲线正矢测量

1）目的

曲线正矢测量是为了检查曲线的圆顺度。用 20 m 弦线在轨顶面以下 16 mm 处测量其正矢。

2）测量正矢

测量正矢由四人进行，两人持弦，一人测量正矢，一人记录。

3）持弦

前后两个持弦人分别将 20 m 弦线的两端紧按于相应测点处轨面下 16 mm 的位置，并注意拉紧弦线。

4）正矢量取

测量人于弦线中间部位的测点处，用钢直尺在轨面下 16 mm 的位置量取正矢读数，通常在 2～3 个读数中判断取值。

5）记录

记录人根据测量读数立即应答，并及时做好记录。

6）转移测点

一个测点测量结束，随机转移到下一个测点，依次进行，直至测量结束。

7）任意点测量

长大曲线，在测量正矢时，还要同时观测曲线的圆顺度，当圆顺度有疑点时，应及时进行任意点的正矢测量。任意点的位置由观测人根据目测决定。

任务 2.3　道岔检查

【工作任务】

通过道岔检查知识的学习，掌握以下能力：

能够独立进行道岔轨距、水平、支距等相关尺寸的检查。

【相关配套知识】

1. 道岔轨距水平测量

检测时先测量直股，然后测量曲股。

直股各检测点轨距依次如下：基本轨接头、尖轨尖端、尖轨中部、尖轨跟端。道岔检查位置如图 2－5 所示，单开道岔的检查位置和对应的轨距表如表 2－6 所示。

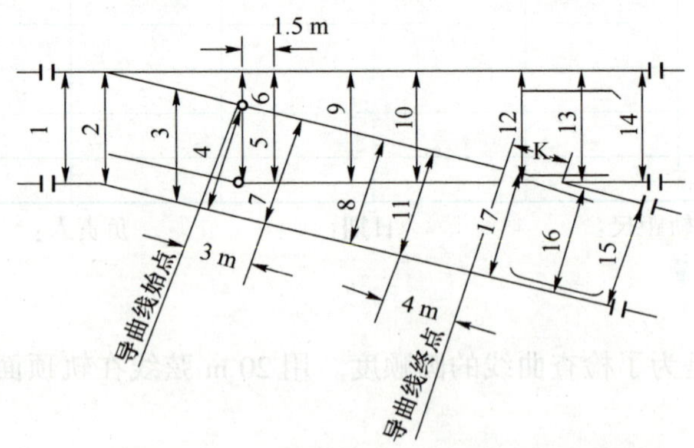

图 2－5　道岔检查位置

1）查照间隔

辙叉心作用面至护轨头部外侧的距离不得小于 1 391 mm，此间隔应保证车轮通过时，借助护轨制约一侧车轮，而另一侧车轮不撞击叉心。

2）护背距离

辙叉翼作用面至护轨头部外侧的距离不得大于1 348 mm，此距离应保证车轮通过时不致被卡住。

其余各类道岔检测的基本原理与单开通岔大致相同。

表2-6 单开道岔的检查位置和对应的轨距表

编号	检查地点	道岔号数			说　明
		9	12	18	
1	尖轨前顺坡终点	1 435 mm	1 435 mm	1 435 mm	
2	尖轨尖端	1 450 mm	1 445 mm	1 435 mm	
3	尖轨中部（曲股）	1 444 mm	1 442 mm	1 435 mm	按小于或等于6‰递减
4	尖轨跟端曲股	1 439 mm	1 439 mm	1 435 mm	导曲线始点处
5	尖端跟端直股	1 439 mm	1 439 mm	1 435 mm	
6	尖轨跟端后直股	1 435 mm	1 435 mm	1 435 mm	距尖轨跟端1.5 m
7	导曲线前部	1 450 mm	1 445 mm	1 435 mm	距导曲线始点3 m
8	导曲线中部	1 450 mm	1 445 mm	1 435 mm	
9	直股中部（连接部分）	1 435 mm	1 435 mm	1 435 mm	
10	直股后部（连接部分）	1 435 mm	1 435 mm	1 435 mm	
11	导曲线后部	1 450 mm	1 445 mm	1 435 mm	距导曲线终点4 m
12	辙叉趾端（直股前）	1 435 mm	1 435 mm	1 435 mm	
13	辙叉（直股中）	1 435 mm	1 435 mm	1 435 mm	在辙叉尖顶面宽0～50 mm断面处同时量查照间隔和护背距离
14	辙叉跟端（直股后）	1 435 mm	1 435 mm	1 435 mm	
15	辙叉跟端（曲股后）	1 435 mm	1 435 mm	1 435 mm	
16	辙叉（曲股中）	1 435 mm	1 435 mm	1 435 mm	在辙叉尖顶面宽0～50 mm断面处同时量查照间隔和护背距离
17	辙叉趾端（曲股前）	1 435 mm	1 435 mm	1 435 mm	

道岔检查记录表见表2-7。

2. 支距测量

导曲线上股作用边到直股上股作用边的垂直距离称为导曲线支距，正确的支距反映正确的圆顺度。支距点一般从尖轨跟端开始，每2 m设一个点，由于其总长度不是2的倍数，故终点处的分段距离不是整数。

导曲线支距允许误差为2 mm，用5 m弦线测量，连续正矢差不得超过2 mm，最大与最小差不得大于3 mm。

3. 其他检测项目

（1）轮缘槽宽度检测；

（2）尖轨动程检测；

（3）尖轨密贴检测。

表 2－7　道岔检查记录表

站名　　　　　　　　　　　　　　　　编号　　　　　　　　　　　　　　　　型号

项目		转辙部分				导曲线部分						辙岔部分					导曲线支距		工作量小计	记事
		前顺坡终点	尖轨尖端	尖轨中部	尖轨跟端	直线			导曲线			叉心前	叉心中	查照间隔	护背距离	叉心后	计划	实测		
						前	中	后	前	中	后									
轨距	直																			
	曲	×	×																	
水平	直			×																
	曲	×	×	×																
方向																				
高低																				
其他																				
捣	头																			
拨	米																			
改	只																			
消灭日期																				
备注																				

检查人：　　　　　　　　　　　　　　　　　　　　　　　　　　　　日期　　　年　　　月　　　日

【项目小结】

(1) 轨道检测是轨道设备施工、维护和验收的重要方法和依据。轨道检测的方法、周期和内容是轨道维护活动的重要技术指导和考核依据。轨道维护单位要根据设备检测的要求开展不同检测周期的检查工作。轨道检测的主要内容是：轨道静态检测的周期和方法、钢轨的检测内容、扣件检测、无缝线路检测、线路沉降检测、线路动态检测。

(2) 轨道检查几何形位的检测包括轨距、轨向、高低；曲线正矢的检查在标准点测量的同时，为保证曲线的圆顺，可加密测量。

(3) 道岔检查的主要项目为道岔轨距测量、支距测量（包括轮缘槽、心轨和尖轨动程检查）。

【复习思考题】

(1) 轨道检测的分类有哪些？

(2) 简述轨道检测的方法和不同方法的适用范围。

(3) 钢轨探伤作业的主要工作内容是什么？

(4) 钢轨磨耗检测的主要工作内容是什么？

(5) 大型轨检车的系统组成是什么？

(6) 轨距测量的工作要点是什么？

(7) 水平、高低、轨向的检查方法是什么？

(8) 曲线正矢检查的方法是什么？

(9) 道岔检查的主要内容是什么？

(10) 用图表说明单开道岔的检查位置和对应的轨距。

THREE

项目3

线路维护作业

【项目描述】

轨道受车辆运行的动力荷载作用及各种自然条件的影响，会发生各种各样的形变，包括弹性形变与塑性形变，其中塑性形变是形成轨道残余变形的主要原因。这种残余变形积累到一定程度，将大大降低轨道结构的强度和稳定性，威胁行车安全。由于轨道在运营过程中不断发生着上述一系列动态变化，所以必须进行线路维护作业。本项目重点介绍各项线路维护作业的技术标准和作业程序，以及线路抢修的有关知识。

【教学目标】

1. 能力目标

- 能针对线路维护的要求，开展相应的线路检测及线路维护工作；
- 能进行曲线的维护；
- 能进行无缝线路的维护；
- 能进行线路抢修处理。

2. 知识目标

- 掌握钢轨维护作业的内容和方法；
- 掌握曲线作业的方法；
- 掌握无缝线路作业的方法；
- 掌握线路抢修的作业程序。

3. 素质目标

- 养成全面考虑问题的习惯；
- 具备独立解决问题的能力；
- 养成分工协作的意识；

- 具备一定的协调组织能力。

相关案例

国外工务安全事故案例

2007年7月5日，伦敦一辆地铁列车突然发生脱轨事故，事故发生时正值上班高峰时段，该地铁列车在伦敦东部的伯斯纳尔格林地铁站附近出轨，有6节车厢脱离轨道，事后调查发现轨道上可能有障碍物。事故造成37人受轻伤，地铁部分线路暂停运行，另有一些列车被困在隧道中。

任务3.1 钢轨维护作业

【工作任务】

通过本任务的学习，能够了解并掌握钢轨维护中更换钢轨，锯轨及钻孔，矫直硬弯钢轨，鞍形磨耗钢轨打磨等作业方法。

【相关配套知识】

1. 更换钢轨

1）作业范围

（1）更换线路上发生的断轨或重伤钢轨；有计划地更换轻伤钢轨。

（2）有计划地成段更换线路旧轨。

2）作业技术标准

（1）换入的钢轨须确认无重伤，长度应与计划尺寸相符。

（2）换入钢轨与线路上相邻钢轨的断面应一致，接头错牙在正线及到发线上不超过1 mm，在站线及专用线上不超过2 mm。两端轨缝必须保持正常，无过大或过小现象。

（3）轨距、方向及联结零件、防爬设备应符合有关作业的技术标准。

（4）换入的钢轨若需截断和钻孔，必须全断面垂直锯断和用钢轨钻按标准钻孔。

（5）钢轨标记须完整、准确、清晰。

3）作业程序与要领

（1）对准备换入的钢轨或钢轨组，要用钢尺丈量长度，并全面检查断面尺寸和有无伤损。

（2）检查换轨处前后不少于五节钢轨的轨缝，对瞎缝和大轨缝应根据情况予以调整。避免新轨换不进去或换入后轨缝过大。

(3) 在炎热或寒冷天气，应将换轨处前后五节钢轨的扣板螺栓扭力矩适当加大，打紧防爬器，防止发生过大的伸缩。

(4) 备齐必要的料具和应急料具。

(5) 准备换上线路的钢轨，可放在道心或轨枕头上，并与线路上的钢轨平行。放在道心时，距线路上的钢轨不少于300 mm；放在轨枕头时，不少于150 mm。新轨放置的高度不得超过线路钢轨25 mm。新轨组搭头量或空头量必须根据计算决定。

钢轨组在线路上放置时，两端应安装木楔头，每个接头要上紧两个螺栓，钢轨组两端各钉两个道钉，中间适当钉固。

(6) 换轨前，将计划拆开的接头螺栓，逐个卸下涂油加垫圈拧紧；卸掉六孔夹板中第二位和第五位螺栓。

(7) 换轨前，卸掉里口两个道钉中的一个及方向钉，并插入道钉孔木片；混凝土枕线路则将螺栓松动、涂油再上紧。同时，拆除防爬器、卸下轨距杆。

(8) 散布好道钉孔木片、道钉（扣板、胶垫、铁垫板、螺栓、垫圈）等。不同类型钢轨还必须配备异型夹板、桥型垫板等。

(9) 按规定设好防护，并在施工领导人下达封锁或更换命令后才能更换。

(10) 卸掉前后端接头的全部螺栓和夹板，卸掉里口道钉，插入道钉孔木片，并冒起外口道钉；混凝土枕线路，卸掉扣件。拨出旧轨，拨入新轨，使轨底恰好拨到外口道钉帽下边；拨动新旧钢轨时，必须使用撬棍穿入钢轨眼孔或用翻轨器卡住钢轨，以防止倾倒。

(11) 串动、连接钢轨。

① 串动钢轨。串动钢轨可采取用撬棍拨和用夹钳抬及人力抓移等方法。用人力抓移时所有人员应站在钢轨一侧，用双手抓住钢轨头部，专人指挥统一动作，防止挤手压脚。

② 连接钢轨。一人在钢轨端部，按预留轨缝尺寸，在轨缝内插入楔形铁尺或木片。将钢轨串移到正确位置，再进行连接。连接时，先上好内外侧夹板，用螺栓扳手尖端试一下，对准孔后、再穿入螺栓拧紧螺栓帽。

③ 安装好前后端的夹板，上好四个螺栓，用轨距尺测量好轨距，随后在里口钉上一个道钉，打好外口道钉。混凝土枕线路，要上好扣板螺栓。

(12) 换好新轨、拆除防护后，补齐前后端接头螺栓，补齐里口道钉，起下外口道钉，插入道钉孔木片再钉好道钉；混凝土枕线路，拧紧扣板螺栓，使扭力矩达到80～120 N·m；按规定位置安装好防爬设备、轨距杆。

(13) 遇有方向不良时，应进行拨道，硬弯必须矫直，如有高低接头或左右错牙，必须整正。

(14) 整理与回收材料。

4）注意事项

(1) 自动闭塞及轨道电路地段有导接线接头时，须联系电务部门配合施工。

(2) 在换轨过程中，遇有不良联结零件和扣件，应同时进行整正或更换。

(3) 作业后，应对接头和扣件螺栓复紧一遍，并整理新、旧轨料，做到工完料净。

2. 锯轨及钻孔

1）作业范围

线路上需要配置短轨或无缝线路折断需要插入短轨，以及加固无缝线路焊接安装夹板或急救器时，应进行锯轨和钻孔作业。

2）技术要求

（1）锯截钢轨长度与计划长度误差不超过4 mm。

（2）钢轨顶面锯口线应与钢轨中线垂直，偏差不大于1 mm；钢轨应垂直锯断，上下左右偏斜不超过2 mm。

（3）选用的钢轨磨耗不超限、无伤损。

（4）钻头直径应与螺栓孔标准直径相符，误差不超过1 mm。

（5）如有旧螺栓孔，新旧两螺栓孔的中心距不得小于直径的两倍。

（6）钻孔位置上下左右偏差及孔径误差不超过2 mm。

（7）螺栓孔边缘整齐，钻孔时产生的毛刺应消除干净。

（8）需要在钢轨上钻孔时，钻孔位置应在轨腹中轴上。

3）作业程序与要领

（1）作业前，备齐锯轨和钻孔工具及量具，选好钢轨，用钢尺准确地量好需要的尺寸（长度），并用卡具划好轨线。

（2）人工锯截钢轨时，先要把应锯的钢轨拨正、垫平、固定。

（3）上紧锯条，并与锯弓成一条直线，防止跑锯。

（4）开始锯轨时要少用力，拉几锯后再逐渐加劲。

（5）新钢轨可从轨面垂直向下锯，旧钢轨因轨面有一层硬皮，不易下锯，应先从轨头侧面上棱处下锯，锯进2～3 mm时，再逐步扩展到轨面。

（6）锯条要拉送到头，来回用力要均匀，以免用力过猛拉断锯条。拉锯时要随时浇凉水。

（7）锯到钢轨腹部，要随时复查尺寸，防止跑锯。

（8）锯到接近轨底时，锯的一端放低，先锯一侧轨底边，锯进1～2 mm后，再锯另一端轨底边。锯截钢轨也可使用截轨机。

（9）钻孔前，应先固定好钻架，架好冷却水源，然后按照样孔位置对好钻头进行钻孔。

（10）钻孔后，眼孔的毛刺要清除干净，钻孔也可使用孔心钻。

（11）卸下钻架或板钻。

（12）质量检查：检查钢轨长度和截面是否符合标准，检查螺栓孔位置及周围边棱是否标准，并在钢轨每端螺栓孔全部钻完以后，安装夹板，穿上螺栓进行试验。

（13）整理料具：将锯下的钢轨和锯剩的钢轨运至存放地点。

4）注意事项

（1）锯轨时，放置在应锯钢轨下的垫木（短枕头），要垫在锯断处附近，以免发生晃动。

（2）在轨道上锯轨时，先钻好锯口两侧螺栓孔，来车时安装好夹板。可利用列车行车间隔时间，卸下夹板进行锯轨。

（3）无样板打样冲时，可用钢板尺精细量出螺栓孔中心位置，并用划针或锥尖划出“+”字标记，再用小冲子冲出小圆坑作为样冲位置。

（4）严禁使用乙炔切割或烧孔，严禁使用剁子和其他工具强行截断和冲孔。严禁未锯到轨底部，强行打断。

3. 矫直硬弯钢轨

1）作业范围

线路上钢轨存在硬弯，造成轨距、方向不良，而不能用拨道、改道解决时，应使用直轨器进行矫直。

2）作业技术标准

（1）矫直后的钢轨，目视检查，确保无方向不良，无不直；用5 m弦量，其误差不超过2 mm。同时，轨距和方向不再有规律性的变形。

（2）矫直钢轨，如影响轨道的正常状态，应予以整修。

3）作业程序与要领

（1）硬弯钢轨的鉴别。

鉴别钢轨是否存在硬弯，可采用“一看、二查、三对、四量、五判断”的方法。

①“看”是鉴别钢轨硬弯的最基本方法。检查硬弯时，先站着骑在一股钢轨上看，发现有陡弯现象时，再细看。站立位置一般距硬弯顶点10～20 m。看时，应背着阳光，沿着轨距线，由远到近，再由近到远，采取立、蹲、俯三种姿势，要反复检查左右两股钢轨。先看硬弯凸出的顶点在什么地方（轨枕上还是轨枕中间），再看弯曲状态（平顺的还是急剧的）。如一股钢轨弯急而短，另一股有同向弯曲，则弯急而短的一股是硬弯钢轨。

②“查”是用拨道的方法查找硬弯。即对弯曲缓顺、长度较大的钢轨，难以区别时，可先行拨道；如拨道后又回复而出现的硬弯，即是钢轨硬弯。

③“对”是根据工长检查记录簿对照弯曲处的轨距、方向变化情况，分析变化规律，如果变化频繁而又有规律性，便可确定是硬弯钢轨。

④“量”是用1 m长直钢尺测量该处轨距线的矢度大小，如矢度大于0.5 mm时，一般都是硬弯钢轨。

⑤“判断”是根据木枕被挤切的状态，判断是否为硬弯钢轨。凡是木枕被轨底或垫板切压面积大的、切压边线距轨底远的，一般都是硬弯钢轨。

（2）确定矫直量。

用看的方法确定硬弯的始终点，以拉绳和钢板尺测定硬弯的矢度及最大矢度的位置。

用铅油或石笔标明位置，用箭头标明矫直方向。硬弯钢轨的矫直量，不能恰好等于硬弯的矢度，必须留有一定的回弹量。预留的回弹量一定要根据气温和钢轨材质情况而确定，一般调直量为硬弯矢度的1.5～2倍。

（3）矫直时间。

北方地区，一般选在6—8月；如在5月或9月进行直轨，矫直时间要选在上午9

时以后下午 4 时以前。南方地区，则可选在 5—10 月。

（4）矫直钢轨。

① 施工前，应按规定设好防护。

② 调试直轨器，使其灵活好用，备齐道钉、改道的工具及垫平弯轨器的垫木等料具。

③ 根据硬弯起止点卸掉扣件，安装好直轨器，要垫平放稳，防止钢轨扭曲。矫直后，应检查轨距、整理扣件，使其顶严、靠紧。

4）注意事项

（1）直轨前，要注意前后有无漏缝。

（2）直轨时，要随时注意直轨器的完好状态，如有裂损，应立即停止作业。

（3）矫直钢轨作业时，钢轨温度不得低于 25 ℃。

（4）起下道钉和卸下扣件一面连续不超过 7 个轨枕头，另一面冒起道钉或松开扣件。

4．鞍形磨耗钢轨打磨作业

1）作业范围

钢轨接头轨面出现鞍形磨耗，其磨耗量用 1 m 钢板尺测量超过 0.8 mm 时，应进行打磨，或采取焊、磨结合的办法进行整治，以消灭接头不平顺。

2）作业技术标准

打磨后轨面平整，无明显凹陷，用 1 m 长直钢尺测量，轨面不平度应小于 0.5 mm，其纵向倾坡应不大于 1‰。接头处有飞边时，应同时打磨消除。

3）作业程序与要领

（1）作业调查：用 1 m 钢板尺测量，确定打磨部位及打磨深度，并按千米、轨号做好记录，在轨腰上用白漆划上符号。

（2）准备工作：打磨前，先抬平接头，并捣固坚实。

（3）按规定设置好防护。

（4）安装打磨机：打磨机由二人操作，一人负责打磨机的推动，使之往复运动，并掌握打磨机的平衡；另一人负责打磨量的控制，并瞭望列车。

（5）打磨钢轨：打磨时可从外到内，也可从内到外，往复运动要均匀，转动螺杆控制打磨量也要均匀，经常检查打磨量，防止打磨过限。打磨量应使用厚薄规（塞尺）测量。

（6）打磨马鞍形接头时，两轨头如一样高，可随意磨任一端轨头；如有高低差，则应先磨高的一端接头，后磨低的一端接头。

（7）找细打磨：精确测量，仔细打磨。

（8）接头处有飞边时，应同时打磨消除。

4）注意事项

（1）轨端 10～15 m 范围，易受车轮冲击磨损，打磨时，可比其他部位稍留高一些。

（2）作业中应经常检查砂轮紧固情况，如有松动应及时紧固，如有崩裂应及时更换。紧固或更换砂轮时必须停机操作。

（3）在自动闭塞或轨道电路地段打磨时，要经常检查打磨机走行轮的绝缘是否良好，以免造成短路。

(4) 为了彻底整治接头病害，在打磨的同时，应针对接头病害情况进行综合整治。

(5) 如用电动手砂轮打磨，接触要轻，用力要匀，不可在一点停留时间过长。

任务3.2 扣件维护作业

【工作任务】

通过扣件维护作业知识的学习，掌握以下能力：

(1) 了解扣件维护的目的；

(2) 掌握扣件状态完好的标准。

【相关配套知识】

1. 扣件维护的目的

扣件维护是为了充分发挥扣件作用而定期进行的整修、涂油、拧紧和不定期进行的更换失效扣件等工作。扣件养护的目的是经常保持扣件的完好状态。

对于无缝线路，由于钢轨随温度变化而存在很大的温度力，若扣件状态不良，除了产生一般线路上所见的病害外，还会使长轨条爬行。不正常的伸缩会使缓冲区产生瞎缝，挤坏绝缘片，造成轨头揭盖或拉弯甚至拉断接头螺栓。所以无缝线路对扣件的养护要求应更为严格。

2. 扣件状态完好的标准

1）紧

紧指螺帽拧紧，扭力矩达到工务维修规则规定，弹片式扣件扭力矩为80 ~ 120 N · m；弹条式扣件直线上为100 ~ 120 N · m，曲线上为120 ~ 150 N · m。维修中应注意以下几点：

(1) 复拧。维修中要保证拧紧程度，必须对扣件复拧，这是因为弹性扣板，弹条和弹簧垫圈等弹性材料在初期受力后都会产生少量的永久变形。扣件组装初期各部件在列车振动下互相挤压，相对位置也会发生变化，使扭力矩下降。所以凡是进行松开扣件作业，如螺栓涂油，更换或方正胶垫、垫片，起道，调整扣件，改道等作业，在经列车碾压后均要及时进行复拧。在拧紧作业中仅靠一次拧到规定扭力矩或拧紧力矩更大一些而不进行复拧的做法，都达不到拧紧要求。拧紧力矩过大还会影响扣件的弹性和寿命，应予以禁止。

由于列车碾压振动，使得扣件松动，扣件除作业后应进行复拧外，还应进行周期性或季节性复拧。地面线路试验表明，拱形弹片或扣件在按要求全部拧紧后，在年运量超过3 000万吨的线路上，扣件扭矩平均每月下降5 N · m左右。弹条型扣件弹性较大，可适当减少复拧次数。

目前暂定的扣件复拧要求：扣件作业后2 ~ 3日及半个月要各复拧一次，周期性复拧每半年一次。

（2）各种扣件螺帽下面要设有垫圈，以利于扣件的紧固。

（3）及时更换失效胶垫。

（4）扣件的扭力矩要求均匀，使各个扣件工作状态尽量接近。人工拧紧扣件，扭力难以均匀，有条件时应尽量使用电动扭力扳手。

2）密和靠

密是指扣板式扣件的凸缘、弹片或扣件轨距块的前端、弹条式扣件轨距挡板的前端要与轨底密贴。靠是指扣板和轨距挡板后端要落槽并靠紧垫板挡肩及轨枕挡肩、轨距块后端要靠紧弹片，弹片后端与铁垫板挡肩、铁垫板挡肩与支承块挡肩均应靠紧

扣件密贴轨底和靠紧挡肩的程度，直接影响到扣件节点的扭转刚度和防止钢轨爬行的能力，密靠状态越好，扭转刚度和防爬阻力越大。

提高扣件密靠程度可采取以下措施：

（1）清扫、清除扣件各处的污垢是提高扣件程度的有效措施；

（2）有砟轨道上可方正及串动轨枕；

（3）调换各种不同号码的轨距块或轨距挡板以达到密贴；

（4）垫片、轨枕或扣件各部件制造误差大而使扣件不能密贴轨底时，应加垫片使之密贴；

（5）硬弯的钢轨会使扣件难以密贴，整修扣件前应矫直硬弯轨；

（6）解决了密贴的基础上再用垫片解决靠的问题，哪里有缝就垫哪里。

3）正

正是指轨下垫层位置要方正。胶垫位置不正会影响扣件各部件均衡受力。紧、密、靠、正是互为因果的，应同时做好，以提高扣件的综合工作性能。

任务 3.3 道床维护作业

【工作任务】

通过道床维护作业知识的学习，掌握以下能力：

（1）掌握有砟道床维护作业知识；

（2）掌握整体道床维护作业知识。

【相关配套知识】

1. 有砟道床维护作业

1）扒道床

（1）作业范围。

① 整正线路两股钢轨水平、三角坑及纵向高低超限，需要起道用道镐捣固。

② 成段抬高线路，进行线路综合维修，需要起道用道镐捣固，根据实际情况从事扒道床作业。

(2) 作业程序。

① 调查。

按照事先调查好的坑头坑尾、撬头撬尾确定扒道床地点，综合维修地段应全面扒开。

② 扒道床。

按调查后标示的始终点扒开道床，扒时先将轨枕盒道砟扒成半槽。然后先扒枕头一端的右手镐窝，将石砟堆在左手捣窝，扒完全部枕头右手镐窝后，再扒道心的右手镐窝。打完右手镐后，把左手镐窝处的道砟扒到右手镐窝处，即可打左手镐。

③ 用扒砟机扒道床。

a) 试运转。上道前，在接通电源后，操作人员应先在下道架上进行试运转，确认各部件运转正常、部件无损伤后再上道作业。

b) 上道。由二人将扒砟机推上转向架并进入轨道后，推至事先调查好的作业地点，操作人员面向前方，按顺序向前扒道床。

c) 作业。开通电源后，操纵升降电机，使之徐徐下落，待接触道床后再逐渐降至规定扒砟深度，即轨枕面下 80 ~ 120 mm。

d) 前移。扒完一孔后，操纵升降机抬高扒齿至一定高度后，推动扒砟机前移至下一孔位置进行扒砟。

e) 下道。当列车驶来或扒至规定地点时，应先提起扒齿，将扒砟机推至转向架进入下道架，推出线路后，切断电源。

(3) 作业要求。

① 人工扒道床时应将大石砟尽量扒出，留下较小石砟以便捣固。

② 当起道量为 10 mm 时，扒砟深度应与枕底平，超过 10 mm 时应预留捣固用砟，留砟量为起道高度的两倍。

(4) 技术要求。

① 人工捣固时，扒道床要达到“三够一清”，长度够 400 ~ 450 mm，宽度够 100 mm，深度扒至枕底下 10 ~ 20 mm，清除堵门石砟，未扒动的一侧，应为 1:1.5 的坡度。

② 电动捣固，起道高度在 20 mm 以下时，扒出 1/2 轨枕盒石砟，超过 20 mm 时，扒出轨枕盒内 1/3 的石砟。

2) 回填夯实道床

(1) 作业范围。

适用于因扒砟、捣固作业而扰动的道床，恢复标准状态，保持线路外观。

(2) 作业程序。

① 一般用大拉耙收回道床边石砟，填充道心，或用收砟机配合人工收回石砟。

② 收回石砟后，进行道床整形，然后使用人工夯拍器或夯拍机夯实道床。

③ 清扫，用笤帚扫除轨枕及钢轨上的砂土。

(3) 作业要求。

① 用大拉耙收回石砟时，要使道床前后均匀，边坡整齐，不要把泥土和杂草带入道床。

② 使用夯拍机整理道床时，开机人和掌耙人要密切配合，协调一致。

③ 在有土垄地段回填道床，要和扒放土垅结合，大拉耙要端平，防止插入路肩，破坏路基平整。

(4) 技术要求。

① 道床顶面宽度及边坡坡度应按照表3－1执行。

表3－1 道床顶面宽度及边坡坡度

线路类别		顶面宽度/m	曲线外侧道床加宽		砟肩堆高/m	边坡坡度
			半径/m	加宽/m		
正线	无缝线路	3.4	≤600	0.1	0.15	1:1.75
	普通线路	3.0	≤600	0.1	—	1:1.75
站线		2.9	—	—	—	1:1.5

② 道床顶面应低于轨枕顶面20～30 mm，Ⅰ型混凝土枕地段中部道床顶面还应凹下并低于枕底不少于20 mm，凹下部分长度为200～400 mm。Ⅱ、Ⅲ型混凝土枕中部道床可不掏空，但应保持疏松。

③ 道床应经常保持饱满、均匀，回填后应夯实，坡脚整齐，无杂草。无缝线路道床砟肩，可根据需要堆高150 mm。

3) 均匀石砟

(1) 作业范围。

① 线路起道后道床局部不足。

② 因清筛道床或其他原因造成的石砟不均。

③ 补充道砟卸车后，造成石砟不均。

(2) 作业程序。

① 用石砟叉、抬筐或单轨小车运送，将石砟均匀分布在缺少石砟的地段。

② 将均匀分布在道心轨枕盒、轨枕头和道床边坡的石砟拍平夯实。

③ 均匀石砟后清理路肩。

(3) 作业要求。

① 均匀石砟要求道床坡面及坡脚做到平顺、整齐。

② 对已达到标准要求后多余的石砟，要整齐地堆放在适当地点，或将线路一侧道床均匀加宽。

③ 运走道砟后留在路肩上的杂物，应弃于路堤坡下或运出路堑。

(4) 技术要求。

① 均匀后的道床断面尺寸应符合表3－1所规定的要求。

② 均匀后的道床应达到饱满、均匀、坚实，坡面、坡脚整齐。无缝线路道床砟肩，可根据需要堆高150 mm。

4）整理道床

（1）作业范围。

① 进行线路综合维修和找小坑作业后。

② 清筛道床和更换轨枕等作业后扰动道床。

③ 从事其他有碍道床完整的作业之后，线路上存在不规整的道床。

（2）作业程序。

① 均匀道砟。

在一定范围内，调整道床的余缺，使前后断面均匀。

② 回填道砟。

将扒出的道砟回填，均匀平整，按规定掏好Ⅰ型混凝土枕中部道床凹槽。使用收砟机时，由专人操纵机械，先使电动机空转启动，再逐渐降落机架进行回填。

③ 整理道床。

将散落在路肩上的道砟收集在道床肩上，根据道砟多少调整道床宽度，将道床肩整理好。然后按标准坡度将道床边坡整理好，坡脚整齐一致。

④ 夯实拍平。

使用人工夯拍器或夯拍机，夯实拍平。

⑤ 整理回检。

将钢轨底、零配件和轨枕上的砂土清扫干净。全面检查，整理完善。

（3）作业要求。

① 回填道砟时，对散落在路肩上和侧沟内的石砟，应及时收集上道。

② 整理道床，要求道床坡面及坡脚做到平顺、整齐。

③ 使用人工夯拍器时，要一夯压半夯，将轨枕盒、道床肩及边坡的道砟全部拍平夯实。

（4）技术要求。

① 整理后的道床顶面宽度及边坡坡度应符合表3-1的有关规定。

② 整理后的道床应达到饱满、均匀、坚实，坡面、坡脚整齐，无杂草。

③ 无缝线路道床砟肩，可根据需要堆高150 mm。

5）清筛道床边坡

（1）作业范围。

① 道床两侧边坡，由于回填石砟和路肩除草等作业带进泥土，需要清筛。

② 道床表面受轻浮物、尘土和列车运行所带落杂物的侵入，道床边线范围构成土垄，影响道床排水。

③ 其他原因污染道床边坡，需要清筛。

（2）作业程序。

① 开口。

用镐、耙开口，开口宽700 mm左右，为倒筛做准备。将开口处筛出的清砟，堆在路肩上。

② 倒筛道床。

先将坡面清砟扒入开口孔内，然后对不洁道砟进行清筛，均匀地倒在后边空位上，依此循序倒筛，筛余物随时弃至路肩外。

③ 填补缺口。

当天作业临近结束时，用开口时堆在路肩上的道砟，填补最后缺口。

④ 整理。

整平清筛后的道床坡面，夯拍坚实。将筛出的余土清除，并整平路肩。

⑤ 回检验收。

随清筛进度，进行检查，保证清筛质量。按质量标准进行自验和互验，不合格的，及时返工。

(3) 作业要求。

① 清筛时使用符合规定的筛子，对用铁线编的筛子要严格检查，以保证清筛质量。

② 收工前，要回收在路肩上、下散失的道砟，同时清除筛出的余土，填补路肩坑。路堑地段不得将筛余物抛在路堑边坡处。

(4) 技术要求。

① 清筛范围自轨枕头垂直清筛至枕底下 50 ~ 100 mm，然后顺边坡不洁层扒筛至路肩面。

② 清筛后的道床顶面宽度及边坡坡度，应符合表 3 - 1 的有关规定。

③ 所用筛子的孔径应不大于 15 mm，清筛后用同孔径筛子复筛检查。

④ 清筛后道床无土垄，达到饱满、均匀、坚实，坡面、坡脚整齐，无杂草，路肩平整，排水良好。

6) 道床不破底清筛

(1) 作业范围。

① 线路接近大中修周期年限，道床不洁影响排水，道砟粉化，道床板结，个别地段出现翻浆冒泥。

② 地处风沙侵袭较严重地段，结合综合维修，有计划地进行清筛，或维修前对轨枕头及轨枕盒进行不破底清筛。

(2) 作业程序。

① 清筛枕盒内道砟。

每组顺序清筛第一枕盒内的道砟，将清砟倒在路肩上，第二轨枕盒内道砟清筛后，回填在第一轨枕盒内，依此循序倒筛。筛余物随时弃至路肩外。

② 清筛道床边坡。

将钢轨外侧轨枕孔和枕头的石砟一起清筛。开始时将道床扒个豁口清筛，将清砟倒在后边路肩上，污土弃到路肩外，继续向前清筛，将清砟均匀倒入后边的豁口内，堵好枕头，依此进行倒筛。

③ 填补缺口。

每个地段分工临近结束时，对最后轨枕孔及道床边坡的缺口，用本组第一轨枕孔路肩上堆放的清砟回填。

④ 整理道床。

清筛后，整理枕盒及边坡道床，整直坡脚，夯拍坚实。清除筛出的余土，并整平路肩。

⑤ 回检验收。

随清筛进度，逐段逐组回检找细，保证清筛质量。按质量标准进行自验和互验，不及格的，及时返工。

(3) 作业要求。

① 清筛时使用符合规定的筛子，对用铁线编的筛子要严格检查，以保证清筛质量。

② 清筛作业中不要破坏枕底道床。下雨天或潮湿污物裹沾在道砟上时，不能进行清筛作业。

③ 收工前，要回收在路肩上、下散失的道砟，同时清除筛出的余土，填补路肩坑洼。路堑地段不得将筛余物抛在路堑边坡处。

(4) 技术要求。

① 不破底清筛枕盒内及边坡道床深度，单线线路中心线部分清筛至枕底向下100 mm，两枕端清筛至枕底下150 mm。

② 清筛后的道床顶面宽度及边坡坡度，应符合表3－1的有关规定。

③ 所用筛子孔径应不大于15 mm，清筛后用同孔径筛子复筛检查，筛出物体积不超过5%。

④ 筛后道床无不洁，达到饱满、均匀、坚实，坡面、坡脚整齐，无杂草，路肩平整，排水良好。

7) 清筛翻浆道床

(1) 作业范围。

因道床不洁引起线路个别地段翻浆，应进行破底清筛道床。

(2) 作业程序。

① 确定作业范围。

根据现场观测记录，确定翻浆位置及翻浆的长度，划定作业范围。

② 扒砟。

扒出表层清砟，堆放在邻近路肩上。

③ 挖除翻浆道床。

从边坡开口，向道心清挖，清挖深度一般从线路中心枕底下挖200 mm，再以适当坡度向外顺坡，以利排水。

④ 回填捣固。

回填清砟，挖一孔，填一孔，及时串实并捣固，挖一孔，捣固一根，打好八面镐。

⑤ 整理道床。

收工前，对当日清挖的道床按规定断面进行整理，收集散落的石砟，夯实拍平，使道床均匀饱满，边坡整齐，路肩平整。同时扫除轨枕和钢轨上的泥土。

⑥ 回检验收。

随清筛进度，逐段逐组回检找细，保证清筛质量。按验收标准检查线路水平、高低、空吊板率情况，不合格的，进行返工。

(3) 作业要求。

① 挖除翻浆道床顺序：先挖除两孔，并在第二孔中间用板隔开，以免回填清砟被泥浆污染。

② 挖除枕底污砟：用起道器将钢轨抬起15～20 mm，用镐尖将两孔间轨枕枕底硬层污砟串松，随后挖除枕底部分污砟，扒至与枕盒深度齐平。

③ 再挖第三孔枕盒污砟，后将木板移至第三孔中间，抬起钢轨串松第二根轨枕底部硬层，依此逐孔逐根倒筛，直至筛完一段为止。

④ 挖出的污砟，湿度过大当日无法晾晒时，可堆放路肩以外，待雨水冲洗后再回收利用，比较干燥的，可均匀地在路肩上摊开晾晒，当日收工前回填道床时，应将污砟夯拍除泥，用叉子挑筛干净回填使用，不可弃砟太多以免造成缺砟。

⑤ 对破底清筛过的轨枕，当日每过一次列车，要检查抬道捣固一次，以后3～5日内要反复检查，加强捣固多次，直至稳定为止，以免出现吊板暗坑。

(4) 技术要求。

① 原有污砟清挖后，线路无翻浆，道床无不洁。

② 备足道砟，清筛道床翻浆后，道床顶面宽度及边坡坡度应符合表3－1的有关规定。

③ 筛后道床达到饱满、均匀、坚实；坡面、坡脚整齐；无杂草；路肩平整，排水良好。

④ 清挖地段须多次反复加强捣固，过车后验收，线路水平、高低、空吊板率均符合规定。

2. 整体道床维护作业

为了保证整体道床的正常工作状态，应对整体道床进行定期检查、观测。

(1) 检查整体道床及排水沟混凝土表面、轨枕与道床混凝土间是否出现裂缝，如出现裂缝，须记录裂缝长度、宽度及形状，观测裂缝是否发展。宽度在0.5 mm以下且不发展的裂缝，是混凝土收缩或温度变化引起的，一般不会形成病害，但会对整体道床的完整性、防水性及美观性造成不良影响。

(2) 检查整体道床是否有上拱或下沉现象，观测上拱或下沉是否发展。变化量在扣件调高允许范围内，可用扣件进行调整，上拱或下沉不发展，一般不会形成病害。

(3) 检查排水系统是否通畅、排水沟是否淤塞、排水沟是否有裂纹。

检查工作一般每季度进行1次，做好记录，观察其发展程度，根据实际情况安排日常保养和临时补修。如果发展成为病害应查找原因，并适当增加检查次数并及时进行整治，整体道床的常见病害与整治措施如下：

① 道床开裂，如裂缝轻微可限速运行并及时用环氧树脂（或其他速凝、高强材料）修补黏结，裂缝较宽时可垂直裂缝凿凹埋入短钢筋，回填速凝、高强混凝土。

② 道床上拱或下沉量超过扣件调高允许范围，特别是由于隧道渗漏水引起的道床

上拱或下沉，应拆除该段道床，治理病害，重新灌注道床混凝土。短轨枕损坏或松动可用环氧树脂和水泥砂浆修补，损坏严重的应予更换。

③ 高架线路由于温差大、雨水侵蚀、风沙污染等因素的影响，弹性短轨枕与套靴或套靴与道床混凝土间容易松动，应修补或更换。浮置板道床应定期检查支座（橡胶或弹簧），发现问题及时维修或更换。

任务 3.4　线路维护作业

【工作任务】

通过线路维护作业知识的学习，掌握以下能力：

（1）了解线路维护的内容和任务；

（2）掌握线路维护基本作业知识。

【相关配套知识】

1. 线路维护的内容和任务

线路维护工作的基本任务是经常保持线路设备完整和质量均衡，使列车能以规定的速度安全、平稳和不间断地运行，并尽量延长设备使用寿命。

1）线路综合维修的基本内容

（1）根据线路状态适当起道，木枕地段全面捣固；混凝土枕地段，撤除调高垫板，全面捣固或重点捣固。

（2）改道、拨道、调整线路各部尺寸，全面拨正曲线。

（3）清筛枕盒不洁道床和边坡土垄，处理道床翻浆冒泥，补充道砟和整理道床，更换、方正和修理轨枕。

（4）调整轨缝，整修、更换和补充防爬行设备，整治线路爬行，锁定线路、道岔。

（5）矫直钢轨硬弯，焊补、打磨钢轨，综合整治接头病害。

（6）整修、更换和补充连接零件，并有计划地涂油。

（7）整修路肩，疏通排水设备，清除道床和路肩上的杂草。

（8）整修道口及其排水设备，修理、补充和刷新标志，收集旧料。

（9）其他预防和整治病害工作。

2）线路经常性保养的基本内容

（1）根据轨道几何尺寸超过经常保养容许偏差管理值的状态，成段地整修线路。

（2）处理道床翻浆冒泥，均匀道砟和整理道床。

（3）更换和修理轨枕。

（4）调整轨缝，锁定线路。

（5）更换伤损钢轨，焊补、打磨钢轨和整治接头病害。

（6）有计划地成段整修扣件，进行扣件和接头螺栓涂油。

（7）进行无缝线路应力放散和断缝原位焊复或插入短轨焊复。

（8）整修防沙、防雪设备和整治冻害。

（9）整修道口，疏通排水设备。

（10）季节性工作、周期短于综合维修的单项工作和其他工作。

3）线路临时补修的主要内容

（1）整修轨道几何尺寸超过临时补修容许偏差管理值的部位。

（2）更换重伤钢轨和达到更换标准的伤损夹板，更换折断的接头螺栓和护轨螺栓。

（3）调整严重不良轨缝。

（4）进行无缝线路地段钢轨折断、重伤钢轨和重伤焊缝的处理。

（5）疏通严重淤塞的排水设备，处理严重冲刷的路肩和道床。

（6）整修严重不良的道口设备。

（7）垫入或撤出损坏垫板。

（8）其他需要临时补修的工作。

2. 线路维护基本作业

1）道床起道捣固作业

（1）技术标准。

① 水平。

正线水平误差不超过4 mm。

② 三角坑。

在6.25延长米距离内的三角坑，正线误差不超过4 mm，站场线路误差不超过6 mm。

③ 高低。

线路纵向水平，目视平顺，用10 m弦线测量，前后高低误差，正线不超过4 mm，站场线路不超过6 mm。

④ 坡度。

起道时应保持既有坡度，不改变边坡点位置和竖曲线半径，不超过与相邻线规定的最大变坡差。起道作业后的轨面顺坡，作业时不少于200倍，收工时不少于400倍。

⑤ 空吊板。

起道捣固地段的空吊板应不超过8%。

（2）作业条件。

① 隧道内或高架桥面上的整体道床线路都不进行起道的作业项目。

② 地铁地面正线碎石道床线路，在试运行阶段，列车间隔较大时，经上级批准，可以利用运行间隔进行40 mm以下的起道作业。在正式运营阶段，凡在列车运营时间内，均不得进行拨道，拨道必须安排在夜间停止运营后进行。

③ 起道量在20 mm以内时，无论是碎石道床线路还是整体道床线路，均采取垫板作业。

④ 在本线或邻线有工程车辆运行的地段进行起道作业时，必须设置施工防护。

⑤ 站场碎石道床线路可以不限制在夜间作业，但必须是在批准后的封锁时间内进行，工地设专人防护，并应在施工地点两端设置作业标。

⑥ 起道量在41～100 mm时，应提前与供电部门联系，并提供起道量的有关技术资料，以申请施工配合。

⑦ 城市轨道交通地面正线，在起道量超过100 mm时，必须获得上级公司的批准，在充分组织施工协调的基础上进行。

⑧ 特殊情况下，因路基、道床发生突变，线路水平、高低严重超限，影响列车安全时，经上级批准，按规定办理施工手续后进行临时抢修。

（3）作业组织。

起道捣固作业人员一般分为起道人员和捣固人员两部分。

① 起道人员由3～4人组成，一人看道，量水平；一人使用起道机抬道；一人使用手稿打塞；一人点撬、扒机窝、恢复道床。

② 当工作量较大时，可以分两组流水作业，第一组负责基准股起道，第二组负责另一股水平。

③ 起道后由捣固人员用手镐进行捣固，有条件的可以利用小型捣固机械作业。

④ 捣固人员的数量根据工作量决定。

（4）作业程序和方法。

① 准备工作。

起道作业前，对于混凝土轨枕线路，要全面取下本地段在日常保养时垫入的竹木垫板，然后拧紧螺栓。

木枕线路必须打好浮起道钉，消灭空吊板。

看道人员要事先核对水平道尺，如有误差，要进行调整。

起道机操作人员要检查起道机的性能是否完好，严禁使用带病起道机参加作业。

起道前应先调查线路坑洼，以便准确划撬，确定起道量。

② 确定基准轨。

直线地段用水平尺选择高股作为基准股，普通起道时一般以前进里程的左股作为基准股。

曲线地段以下股为基准股。

道岔起道，单开道岔以直外股为基准股，双开道岔以过车多的外股为基准股。

③ 看道。

基准股确定后，由起道指挥人员负责看道，用目测法指挥起道。

看道距离一般为20～30 m，以三点一线为依据。

看道方法为俯身于基准股，目测钢轨外侧下颚水平线的高低情况，凡前后高低出现坑洼时，必须对坑洼处进行起道。

点撬人在看道人的指挥下，于轨面点撬定位，确定放置起道机的位置，然后负责扒好机窝。

④ 放置起道机。

全起全捣时，一般先在中间放一次起道机，然后每隔 6 ~ 8 根轨枕放一次起道机，顺次向前。

重起重捣时，在坑底处放置一次起道机，漫坑要放置 2 ~ 3 次起道机。

起道机必须放置平稳，接头放在接缝下，曲线上股放在外口，以防涨轨和影响线路方向。

绝缘接头、焊缝接头及道岔跳线部位禁止放置起道机。

⑤ 起道。

起道机操作人员在看道人的指挥下，使用起道机抬高轨面。

在一般情况下，起道应使用液压式起道机，当起道量很大，可使用齿条式起道机。

起道人应与指挥人紧密配合，动作协调，随时注意指挥人的手势和口令，动作要迅速敏捷。

在坡道上起道，从上坡往下坡看道时，每点的起道量都不能低；从下坡往上坡看道时，每点的起道量都不能高。

⑥ 找平。

基准股起平后，用水平道尺找平另一股。

道尺要放在起道机的起道始点一侧，尽可能靠近起道机。

道岔起道时，道尺应在尖轨前接头、尖轨尖端、尖轨跟端、撤叉前后接头，导曲线中间酌情放置。

⑦ 打塞。

打塞（或称砸撬）是指起道或找平后，为维持轨面平顺，对关键部位所做的临时捣固。

打塞要在钢轨部位，将道砟朝枕底方向打入。

接头处起道时，两根轨枕要同时打塞，每根打两面镐。

打塞时不得使用大石砟。

起道地段如有工程车辆通过，对于单股起道，必须于车辆通过前在一根轨枕上捣固好长度不少于 4 个镐窝的四面镐；对于双股起道，必须在两根轨枕上同时捣固好长度不少于 4 个镐窝的四面镐。

起道过高时，应用镐尖透镐，禁止使用起道机撞击钢轨或轨枕。

起道作业有人工捣固、手提电动捣固机捣固、小型液压捣固机捣固，以及大型起道机捣固 4 种类型。

⑧ 人工捣固。

a）捣固方向。

捣固作业的方向应由坑洼两头开始向坑洼中间捣固，不能由坑洼中间向坑洼两头捣固，以防越赶越高。

b）站脚位置。

前脚站在被捣固枕轨上，脚尖不准伸出轨枕边缘，后脚站在两根轨枕中间，不要探入轨底。

c）排镐顺序。

先由轨底向外排轨，再由外向轨底排镐，轨底中心向两侧各捣固 400 ~ 500 mm（木枕应打 6 个镐窝，混凝土枕应打 7 个镐窝，每镐约有 4 mm 重叠量）。

混凝土轨枕中部 500 ~ 600 mm 长度范围内，严禁捣固或串实，应与轨枕底部保留 200 mm 的间隙，防止轨枕中间受力，发生上挠裂纹。

d）镐数与镐序。

根据起道量、轨枕情况确定镐数与镐序。

镐数表如表 3 – 2 所示；木枕镐序表（1）、（2）如表 3 – 3、表 3 – 4 所示，混凝土枕镐序表（1）、（2）如表 3 – 5、表 3 – 6 所示。

表 3 – 2　镐数表

轨枕类型 \ 起道量	不超过 5 mm	6 ~ 14 mm	15 ~ 20 mm	超过 20 mm
木枕	16	18	20	22
混凝土枕	18	21	21	28

注：接头、空吊板、新换轨枕适当加镐。

表 3 – 3　木枕镐序表（1）

捣固长度	400 ~ 450 mm						400 ~ 450 mm					
镐数	16						18					
镐序	9	8	7	5	3	1	1	3	5	7	8	9
		10	11	6	4	2	2	4	6	11	10	
				12	13	14	16	14	13	12		
						15	17	15				
						16	18					

表 3 – 4　木枕镐序表（2）

捣固长度	400 ~ 450 mm						400 ~ 450 mm						
镐数	18						21						
镐序	11	9	7	5	3	1	1	3	5	7	9	11	13
	12	10	8	6	4	2	2	4	6	8	10	12	14
	13	14	15	16	17	18	21	20	19	18	17	16	15

表3－5　混凝土枕镐序表（1）

捣固长度	400～450 mm						400～450 mm					
镐数	20						22					
镐序	9	8	7	5	3	1	1	3	5	7	8	9
		10	11	6	4	2	2	4	6	11	10	
			12	13	15	17	19	16	13	12		
				14	16	18	20	17	14			
						19	21	18				
						20	22					

表3－6　混凝土枕镐序表（2）

捣固长度	400～450 mm						400～450 mm							
镐数	24						28							
镐序	11	9	7	5	3	1	1	3	5	7	9	11	13
	12	10	8	6	4	2	2	4	6	8	10	12	14
	13	15	17	19	21	23	27	25	23	21	19	17	15
	14	16	18	20	22	24	28	26	24	22	20	18	16

e）落镐位置。

镐落在距轨枕底边20～30 mm处，避免打伤轨枕。

f）落镐角度。

镐头与轨枕侧面成40°～45°。

g）捣固质量。

捣固质量必须达到5“够”：力度够、高度够、宽度够、镐数够、面数够。

判断捣固质量的方法：

感觉——持续手感麻木；

听音——道砟发生急脱；

观看——枕底坚实，道砟难入；

敲击——轨枕发声清脆。

⑨ 回检。

两股道均起平后，应复查回看轨面的平顺，有条件的，利用车辆压道后，继续做好找小洼等轨面回检工作。

⑩ 整理。

凡当天进行起道作业的地段，收工前后应组织人员对线路道床进行全面恢复与整理，特别要做到一撬作业一撬清，半日作业半日清，随时夯实道床，保持道床阻力，并恢复道床外观。

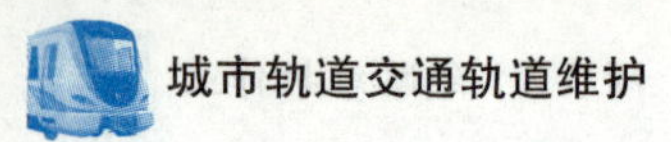

（5）质量要求。

① 水平状态良好，无明显小坑，轨道纵向长平，目视平顺，无漫坑漫包。水平高低误差符合规定。

② 起道预留下沉量不超过 4 mm。

（6）安全注意事项。

① 地面正线在运营时间内，一律不得进行起道作业。其他线在无封锁无慢行条件下，一次起道量不得超过 40 mm。

② 电气化线路起道，单股不得超过 40 mm，若超过规定须事先通知有关部门派人员到场配合。

③ 无缝线路，当钢轨实际温度超过或低于锁定轨温 20 ℃时不得进行起道作业。

④ 凡缺砟地段，除找小洼外，严禁盲目起道。

⑤ 短轨地段，进行起道作业时，不得盲目抬高接头，多留下沉量。

⑥ 使用起道机应定机定人，起道机操作人员必须经考试合格后才准上道操作。

⑦ 起道机的放置必须严格按有关规定执行，绝缘接头、焊缝接头及道岔跳线部位，禁止放置起道机。

⑧ 起道机在使用过程中必须做到机不离手、手不离把。

⑨ 起道机底座小车应设置偏心装置，并用油漆涂上醒目标记。

⑩ 起道作业时，防护人员必须掌握本线与邻线车辆的运行情况，并加强瞭望，严禁抢撬。邻线来车时，应保证作业人员及施工料具不侵入限界。本线来车时，应组织作业人员及时下道，并随手取下一切施工料具。

⑪ 起道后的捣固作业，前后人员距离应相隔不少于 3 根轨枕，以免互相妨碍及落镐伤人。捣固时应注意避免打伤轨枕边棱、扣件、导线等各种工务或电务设备。

2）直线拨道

（1）作业范围。

① 在线路养护维修中，有计划地调整线路平面时直线部分的拨动。

② 根据季节特点和线路变化情况，进行春季全面拨道。

③ 直线方向超限处，进行临时补修时，重点拨道。

（2）作业条件。

① 专人担任施工作业领导。

② 无缝线路的拨道作业，应按规定的作业轨温条件执行。

（3）作业程序。

① 调查准备。

拨正线路应事先做好调查，确定拨道量。根据拨道量大小确定拨正步骤，以方向较好的一股为标准股，两股方向大致相同时，以左股为标准股。

② 扒松道床。

拨道前，根据需要将枕端道床扒开或刨松，拨动量大或道床坚硬时，应扒开拨量所需的间隙。拆除影响拨道的防爬设备，在防爬支撑处，要把拨动方向前面的石砟扒开。同时压打道钉和拧紧扣件。

③ 粗拨道。

拨道负责人跨立在标准股上看道指挥，远处大方向看轨面光带，近处小方向看钢轨里口，向不动点目测穿直。拨道负责人用手势指挥拨道。使用撬棍时，两股人力大致相等，使用拨道器时，不少于前股两台、后股一台。拨道时在标准股上点撬。

④ 细拨道。

细拨道与粗拨道程序相同。根据需要预留钢轨回弹量。

⑤ 整平夯实。

拨道后进行重点捣固，安装防爬设备，将扒出的石砟整平，将拨后离缝的一侧枕头石砟埋实夯好，将支撑附近石砟整平，以保持拨后质量。由于拨道引起的其他作业，应整修到符合标准要求。

⑥ 回检验收。

拨道作业完成后进行回检，及时整修，对有关作业按技术标准要求进行验收。

（4）作业要求。

① 持撬棍。

作业小组每人拿一根撬棍，分为两组，分别在两股钢轨上进行拨道。握撬棍准备插入道床时，上手握在撬棍一端，下手握在邻近重心处。

② 插撬棍。

插入撬棍时，上身稍往前倾，将撬棍斜插至钢轨底下道床内，插入深度不少于20 cm，撬棍插好后要轻试一下，看是否插牢。撬棍插入位置，应根据钢轨的弯曲情况决定，拨小弯时撬棍要插正集中，防止插偏或撬位过长，造成反撬。拨大弯时要一撬接一撬向前倒，每撬中间可隔3～4根轨枕孔。遇接头必须插撬，遇钢轨有特殊毛病时，要采取撬棍两拧紧的方法，少数人在对面侧一端用撬棍迎着拨。

③ 拨道指挥。

拨道负责人至拨道人员距离，当拨大甩弯时应在100 m左右，小拨时应在50 m左右，拨道负责人双腿跨在钢轨上进行指挥。指挥者手势要及时、快速、准确。指挥手势如下：

a）拨接头时两手握拳，高举头顶相碰。

b）拨大腰时两手高举头上，食指与拇指张开，比划成大圆弧状。

c）拨小腰时两手放在胸前，两臂微曲，食指与拇指张开，比划成小圆弧状。

d）交叉拨拧反弯时，两臂在腹部交叉。

e）一撬拨好，两臂平伸。

f）单臂高举，手心向外做推动状为前进，手心向内做招呼状为返回。

g）向左或向右拨动时，手臂向拨动方向一侧平伸，拨动大时挥动大，拨动小时挥动小。

h）全部拨完或休息时，右臂伸展画圆圈。

④ 拨动线路。

拨道人员上手握住撬棍的一端，另一端相距200～300 mm握住撬棍，腰部挺直，前膝弯曲，身体略向拨道方向倾斜，眼看拨道负责人，听口号，按照指示方向拨动。在拨道负责人这股钢轨最前面拿撬棍的人员，要负责在钢轨上点撬，当往回倒撬时，前面第一人将撬棍担在钢轨上轻轻拖着走，代替点撬。拨动时，指定一人负责喊口号，大家接号，以求用力一致。易拨时喊短号，难拨时喊长号，防止拨多反撬。拨正大方向应利用阴天或晴天的早晚时间，背向阳光指挥拨道。

⑤ 用液压拨道器拨道时，拨道器不少于3台，前二后一，呈三角形排列。

(5) 技术要求。

① 直线拨正后，线路方向目视顺直，无甩弯。

② 用10 m弦测量直线地段轨向容许误差，该误差应符合相关规定。

③ 由于拨道引起的有关项目变化，必须及时整修，达到各单项技术作业标准的要求。

④ 注意拨道量，拨后线路应符合有关规定，不得侵入建筑，接近限界，如站台、隧道、信号机、警冲标等。桥上拨道注意偏心。

3) 曲线拨道

(1) 作业范围。

① 在线路养护维修中，有计划地调整线路平面时曲线部分的拨动。

② 根据季节特点和线路变化情况，春秋季全面拨正曲线方向。

③ 曲线方向超限处，进行临时补修时，重点拨道。

(2) 作业条件。

① 专人担任施工作业领导。

② 无缝线路的拨道作业，应按《铁路线路修理规则》规定的作业条件执行。

③ 拨道量较大时，应事先检算轨缝。轨温较高时，道床应充足。

(3) 作业程序。

① 调查准备。

将两端直线方向先行拨正，压除曲线头尾的反弯或“鹅头”。目视曲线方向明显不良时，应进行粗拨道，由曲线头尾往圆曲线挑压，达到目视基本圆顺的效果。

明确测点位置，以直缓、缓直或直圆、圆直点为起点，沿外股钢轨用钢尺丈量或校核，每10 m为一个测点。直缓点前直线上的邻点定为测点0号，起点定为测点1号，之后顺序编号。曲线头尾位置不清时，可以任意点为起点设置测点。

② 量取现场正矢。

在无风天或风力较小时，用小钢板尺在钢轨踏面下16 mm处、有飞边时为飞边处，量取各测点现场正矢，每个曲线一般要测量3次，取平均值。

③ 拨道计算。

用已测得的现场正矢，进行拨道计算，算出各测点的拨道量。两曲线间直线段较短时，可与两曲线同时计算拨正。

④ 拨道前准备。

先在曲线外侧打临时拨道桩。确定每次列车间隔时间内的拨道量和长度，拨道量大于20 mm时，应先粗拨，捣固后再细拨。根据需要，将枕端道床扒开或刨松，拆除影响拨道的防爬设备，压打道钉和拧紧扣件。

⑤ 拨道。

设专人用尺控制拨道量。拨道负责人站在40～50 m以外曲线外侧道床上，目测各

测点及各测点间方向，用手势指挥拨道。使用撬棍时，两股钢轨人力大致相等，使用拨道器时，不少于前股两台、后股一台，呈三角形排列。

⑥ 整平夯实。

拨道后进行重点捣固，安装防爬设备，将扒出的石砟整平，拨后离缝一侧的枕头石砟埋好夯实，整平支撑附近的石砟。由于拨道引起的其他作业，应整修到符合标准要求。

⑦ 回检验收。

拨道作业完成后进行回检，及时整修，按各项作业技术标准要求进行验收。

(4) 作业要求。

① 看道时，曲线上股为基本股，拨道负责人可站在上股外侧指挥，指定专人用尺测量拨道量，以拨道桩处拨道量为控制点进行顺撬。拨道量大时，应分次拨道，先粗拨，后细拨，并据经验预留回弹量。指挥手势如下。

a) 远离去：右臂屈举于右肩前，手掌向前，然后右臂平伸向前推去。

b) 靠近来：右臂向前平伸，手掌向上，然后屈臂向后招来。

c) 拨接头：屈举两臂，两手握拳于头上相碰。

d) 拨大腰：两臂微屈，两手张开，在头上比划成大圆形。

e) 拨小腰：两臂弯屈，两手张开，在胸前比划成小圆形。

f) 向左拨：左臂向左平伸。

g) 向右拨：右臂向右平伸。

h) 交叉拨：两臂在体前交叉。

i) 用力拨：两臂下垂，在体前向拨动方向快速摆动。

j) 停止拨道：两臂左右平伸。

k) 拨道结束：右臂划大圆圈。

② 持撬棍。

作业人员每人拿一根撬棍，分成两组，分别在两股钢轨上进行拨道。准备将撬棍插入道床时，一手握在撬棍上端，一手握在邻近重心处。

③ 插撬棍。

插入撬棍时，上身稍往前倾，将撬棍斜插到钢轨底下道床内，插入深度不少于20 cm，撬棍插好后要轻试一下，看是否插牢。撬棍插入位置，应根据钢轨的弯曲情况而定，一般可间隔3～4根轨枕孔。遇接头必须插撬；遇钢轨有特殊毛病时，要采取撬棍两拧紧的方法进行拨正。

④ 拨动线路。

拨道人员一手握住撬棍的上端，另一手在相距200～300 mm处握住撬棍，腰部挺直，前膝弯曲，身体略向拨道方向倾斜，眼看拨道负责人并听口号，按照指示方向拨动。在拨道负责人所在这股钢轨最前面的拿撬棍人员，要负责在钢轨上点撬，当往回倒撬时，前面第一人将撬棍担在钢轨上轻轻拖着走，代替点撬。拨动时，指定一人负责喊口号，大家接号，以求用力一致。易拨时喊短号，难拨时喊长号，防止拨多反撬。拨正大方向应利用阴天或晴天的早晚时间，背向阳光指挥拨道。

⑤ 现场正矢与计划正矢的闭合差很大，达不到技术要求的规定时，一般应按头尾

位置不清的曲线进行调整计算。拨道计算时，可用调整计划正矢法、调整正矢差累计法，以及调整半拨量法，三种方法原理一致，计算结果相同，最后可算出拨道量和拨后正矢。计算时，不宜为减少拨道量而大量调整计划正矢，现场正矢合计应与曲线履历表上正矢合计基本相等，两者之差一般应不超过 $2\sqrt{m}$（m 为测点数）。

⑥ 曲线局部方向不良时，可利用拉绳简易计算法进行个别调整，但调整时一定要复查拨动点与前后邻点的正矢。

⑦ 用液压拨道器拨道时，拨道器不少于 3 台，前二后一，呈三角形排列。

(5) 技术要求。

① 用 20 m 弦测量正矢，其误差不得超过轨道几何尺寸容许偏差管理值的规定。

② 为保证拨后曲线圆顺，在进行拨道计算时，计划的拨后正矢，一般不得超过拨后正矢误差限度的 1/3。

③ 在复曲线大小半径连接处，现场正矢与计算正矢的容许差，按大半径曲线的规定办理。缓和曲线与直线连接处不得有反弯或“鹅头”。

④ 由于拨道引起的有关项目变化，必须及时整修，达到各单项技术作业标准的要求。

4）木枕改道及打道钉

(1) 作业范围。

① 木枕地段改正超限或接近超限的轨距及其变化率。

② 改正轨道上出现的小方向。

③ 消除浮离不良道钉，使用垫板整治冻害，以及其他起拔道钉作业。

(2) 作业程序。

① 计划准备。

相关人员要校正轨距尺，确定标准股与划撬，直线以方向好的一股为标准股，改正对面股，曲线以上股为标准股，改正下股。同时改正小方向时，先改正标准股。标准股确定以后，量轨距，在需改动处，划好再撬。清扫砂石泥土，削平影响改道的枕面，清除木屑。

② 起拔道钉。

利用撬棍和起钉垫，将道钉垂直拔出，放在枕面上，先起铁垫板与木枕的联结道钉，后起钢轨里外口的道钉。

③ 整修钉孔。

对不直不正的道钉孔应用整孔凿子修整，整孔深度约 100 mm，如有折断的钉梗，用打入器打下。

④ 整直道钉。

用直钉器整直弯曲的道钉，将直钉器顺着木枕盒放在平整的道床上，弯钉凸面向上，钉帽对直钉入，用打闷钉的方法直钉。

⑤ 改正轨距。

拨撬同时量轨距，整正铁垫板，并使其外棱靠贴轨底，插入道钉孔木片，钉孔持钉力不足或改道量超过 5 mm 时，应用经过防腐处理的木塞，每边比道钉大 1 ~ 2 mm，打入旧孔，重新钻孔。

⑥ 打道钉。

钢轨里外口道钉的钉尖离开轨底 8 mm，垂直栽钉，然后垂直打入。改完一撬后，复查轨距，补打铁垫板与木枕的联结道钉。通过列车后，复打道钉。

（3）作业要求。

① 起道钉时要用三起三垫的方法，弯曲道钉要用直钉器打直，磨耗严重的道钉要更换，钉孔要插入钉孔木片。

② 歪斜钉孔要用钉孔凿子修整，钉孔前俯时，刀刃直面要靠在钉孔内侧，后仰时靠在钉孔外侧。

③ 改动轨距，栽钉前要使用改道器拉动钢轨，不得用锤镐归打，不得用撬棍逼钉或移动钢轨。

④ 注意打钉质量，举锤落锤姿势要符合要求，第一锤要轻，中间几锤要重，打稳打准，最后一锤闷打，防止打离道钉和打伤轨底。发现道钉不良或轨距不合要求时，要拔出道钉重打。

（4）技术要求。

① 正线，到发线，以及其他站线的轨距、轨距变化率、轨向容许误差，应符合有关规定。

② 持钉力强，无严重磨耗、弯曲和伤损道钉。大于 2 mm 的浮离道钉，不超过规定值。

③ 按照相关规定，铁垫板与木枕的联结道钉必须钉足，半径 800 m 及以下的曲线连同缓和曲线上钉足五个道钉。

5）混凝土枕改道及组装扣件

（1）作业范围。

① 混凝土枕地段改正超限或接近超限的轨距及变化率。

② 改正轨道上出现的小方向。

③ 消除“三不密”扣件，用垫片整正线路水平、高低，整修扣件。

（2）作业程序。

① 调查划撬。

用轨距尺详细检查轨距，一般每隔 4～5 根轨枕检查一处，对轨距超限和轨距变化率不良之处，在轨底内侧用符号划出撬长，按轨号记录工作量。

② 调换扣板或轨距挡板。

调换标准股扣板或轨距挡板，调整或同时更换大小胶垫，使各有关部分互相靠贴，调换时防止挤动钢轨。

③ 改正对面股。

卸掉改道范围内里外口螺帽，调换扣板或轨距挡板，按先外口后里口的顺序将轨距改好，使各有关部分互相靠贴。

④ 拧紧螺栓帽。

安装垫圈螺帽，先用扭矩扳手试拧，用力在 80～140 N·m 范围内，各人对照出用力程度，然后各自掌握。改道处的扣件螺栓，当天下班前应进行一次复紧。

⑤ 回检找细。

检查轨距与扣件状态，复拧螺栓，使扭力矩达 80～140 N·m，弹条扣件前端下颏与轨距挡板靠贴，缝隙不超过 2 mm。对当天改道处，收工前按相关标准进行检查。

（3）作业要求。

① 调查划撬时，先确定标准股，直线以方向较好的一股为标准，改正对面股；曲线以外股为标准股，改正里股。同时改正小方向时，先改正标准股。

② 如轨枕中心位置不对，应先安排串动轨枕。如有轨枕扣板号码无法调整时，也可串动轨枕。

③ 改道负责人应查看划撬处的方向，确定基本股、改道方向和改道范围。如基本股有小量碎弯时，应首先改好基本股。

④ 用改道器拉动钢轨，量好轨距，调整非改动方向一侧的扣板，调好后拆下改道器。

⑤ 结合改道作业，应更换伤损、歪斜的小胶垫。不得盲目提高扣件扭力矩。

⑥ 不得以道钉锤敲打扣板，不得以螺栓为支点撬动钢轨，不得以挡肩为支点挤动螺栓。

⑦ 应抽样检查轨距挡板的几何尺寸，防止使用不合标准的扣板。

⑧ 改道作业前，应检查校正量具，不得使用误差超过标准的轨距尺。

（4）技术要求。

① 作业后线路轨距、轨距变化率、轨向容许误差，轨枕螺栓、扣件扭力矩应符合有关规定。

② 各种型号的扣件不得混杂使用，接头、中间和加宽的扣件应正确使用。

③ 扣件位置正确，大小胶垫无缺损，扣件或轨距挡板与轨底、扣件与铁座、铁座与小胶垫互相靠贴。调整垫片应使用规定的铁垫片。

6）无缝线路维护作业

无缝线路养护维修的特殊性，主要反映在锁定轨温和线路阻力两个方面。无缝线路的养护维修，都应以保持合理的锁定轨温、充分提高线路阻力为提前，以“夏防胀、冬防断”为中心。

（1）起道作业。

起道时钢轨和轨枕被提起，不仅道床阻力减小，而且钢轨还伴随附加力，起道愈高，影响范围愈长，钢轨承受的附加力愈大。一方面是轨枕浮起，道床阻力锐减；另一方面是钢轨被强制变形，附加力剧增。两种因素加在一起，对无缝线路的稳定极为不利。所以，无缝线路严禁起高道，起道量和起道长度必须严格按照作业轨温条件表上的规定执行，如须超过规定的起道量，应分次进行；起道机距铝热焊缝不得少于 1 m；起道机应垂直放置以免引起线路方向的变化；在曲线地段起道，起道机应放在上股外侧或下股内侧；如同一地段既有起道作业又需整治方向不良，应先拨（改）后起，以增强起道的安全度；扒、起、捣、填、夯各步紧密连接，使道床阻力尽快恢复到相当程度；起道量较大时，须及时补充道砟，使道床丰满，阻力充足；每起一撬，都要在列车通过之前做好顺坡、捣固，以减少列车碾压造成的应力集中和轨道变形。

（2）拨道作业。

无缝线路进行曲线拨道时，拨力方向易与水平方向形成一定角度，因而轨排横移的同时难免向上浮起，从而大大降低道床横向阻力，加上温度力的影响，对线路的稳定和

强度极为不利。此外，当拨道量产生时，钢轨的长度自然要发生变化，向外拨时伸长，向内拨时缩短。我们知道，钢轨伸缩量的产生，势必造成锁定轨温的变化，从而在钢轨断面上产生附加拉应力或附加压应力，加上温度力的作用，对线路的稳定和强度更为不利。因此，无缝线路的拨道作业，在严格执行作业轨温条件表的规定之外，还应注意以下几点：

① 拨道机具不得设置在铝热焊缝处，以免损伤焊缝。

② 每拨一段，都要在列车通过前做好顺坡，以减小列车摇晃产生的附加挤压力。

③ 先拧紧扣件螺栓再拨道，以增大轨道框架刚度，弥补道床横向阻力的损失。

④ 维修作业时，先回填道床再拨道，以避免胀轨（向外拨时）或回弹量过大（向里拨时），拨后再回填和夯实道床。

⑤ 正拨量等于负拨量，即一段曲线上产生的正负拨量之和为零。这样就可以使整个曲线上钢轨的伸缩量相互抵消，锁定轨温相对均衡，消除附加拉应力或附加压应力。

（3）清筛道床作业。

清筛道床作业，使原有的坚实轨道基础破坏，道床阻力下降。尤其是破底清筛后，阻力降低更大。试验表明：混凝土枕地段破底清筛恢复道床后，道床纵向阻力降低35%，横向阻力只有原来的35%，需要一个多月才能恢复。如果清筛后线路方向又不良，线路的稳定性会极大地降低。因此，破底清筛道床，严禁在超过或低于实际锁定轨温10 ℃的轨温条件下进行。不破底清筛，则必须逐孔倒筛，并做到筛一根捣一根、回填夯实一根，始终保持轨道有饱满的道砟和良好的方向。

（4）接头扣件螺栓作业。

无缝线路的接头扣件螺栓是否按规定扭力矩拧紧，将直接影响长轨条长度、缓冲区轨缝大小和锁定轨温的变化。接头阻力是无缝线路纵向阻力的关键。拧紧了的接头螺栓，随着列车的振动和冲击会渐渐松动，如果是大轨缝、低接头，这种松动更快，而接头螺栓的松动，将直接导致接头阻力衰减和伸缩区延长。

① 无缝线路接头螺栓必须采用10.9级高强度螺栓，扭矩应达到900 N·m，扭矩不足时，不得低于700 N·m。

② 每年春秋季，在允许的作业温度范围内，要全面拧紧接头螺栓各一次；在缓冲区作业时，作业前后也要拧紧接头螺栓各一次，这样才能保证接头螺栓经常保持紧固状态。

③ 全面拧紧接头螺栓时，如发现钢轨已有爬行、轨缝不合要求时，应在合适的轨温条件下先松开螺栓，利用轨温变化使轨缝恢复正常，然后再全面拧紧。

（5）中间扣件螺栓作业。

随着列车振动，中间扣件的扭力矩也要随之减少。

① 每次综合维修作业前后，应全面拧紧扣件螺栓各一次，以增强轨道框架刚度。

② 每年春秋季，应在实际锁定轨温 ±5 ℃范围内，全面拧紧扣件螺栓各一次。

③ 扣件整正涂油时采取“隔二松一”流水作业，当日回检拧紧一遍，1 ~4 天后复拧一遍，并做好封口涂油工作。

（6）突出巡检工作的特殊性。

无缝线路的巡检工作，除了普通线路的作业项目外，还应有一些特殊要求。

① 巡检人员必须掌握管内每段无缝线路的技术、设备状态，如实际锁定轨温、伸缩区长度、缓冲区轨缝、位移观测桩的设置、薄弱地段的位置等，以便及时、准确地发现问题。

② 随时进行“三紧”作业，即紧接头螺栓、紧松动扣件、紧拉杆。

③ 为了掌握无缝线路轨道状态的变化情况，要坚持测轨温、测轨缝和测线路爬行的“三测”工作。尤其是高、低温季节，应做到每班有记录。

④ 夏季以观察轨道方向变化为重点，冬季以观察焊缝状态为重点。发现病害，应及时汇报，并采取应急措施。

(7) 加强缓冲区养护。

缓冲区是无缝线路的薄弱环节。它一方面具有普通线路的缺点，另一方面又要受长轨条伸缩的影响，兼有普通线路的结构和无缝线路的功能。缓冲区的两端都是长轨条。如缓冲区接头阻力不足，当温度压力较大时，两端长轨条的过量伸长都向缓冲区挤压，缓冲区的几十毫米轨缝是远远不够调节的，于是温度压力陡增，胀轨、跑道就容易发生。相反，当两端长轨条的温度拉力较大时，其过量收缩必然会在缓冲区拉出大轨缝，甚至拉断螺栓。总之，缓冲区阻力不足将影响两侧无缝线路长轨条的安全。另外，缓冲区轨缝的存在还增大了列车的冲击力。为了保证行车安全，延长设备使用寿命，使无缝线路伸缩区质量状态良好，缓冲区的设备质量必须满足如下要求：

① 经常保持足够的线路阻力；

② 保持接头轨缝尺寸正常；

③ 使接头处具有良好的平顺性；

④ 使接头轨道有足够的弹性；

⑤ 确保轨端绝缘安全可靠。

为此，无缝线路缓冲区的养护维修，应重点采用如下措施：

① 定期拧紧扣件螺栓，注意施工前后的拧紧和复拧，切实控制长轨条的不正常伸缩。

② 如已发生不正常伸缩，要及时更换调节轨，把轨缝维持在允许的尺寸范围内。入夏前，可将轨缝调整至最大值；入冬前，可调整至最小值。

③ 定期拧紧接头螺栓，保持接头处道床设计横断面。

④ 综合整治钢轨接头处病害，加强接头捣固，保持道床丰满，及时清筛脏污道床，及时更换失效轨枕，及时整平高低错牙。

任务 3.5　曲线维护作业

【工作任务】

通过曲线维护作业知识的学习，掌握以下能力：

(1) 了解曲线养护维修管理知识；

(2) 了解曲线病害的类型，掌握相应的防治方法。

【相关配套知识】

1. 曲线养护维修管理

城市轨道交通线路，曲线轨道占有很大比重，且多为小半径曲线。近年来，曲线钢轨磨耗、擦伤等现象日益增多，由此引发的噪声也常常被附近居民投诉。因此，减少曲线故障，加强曲线维护，提高整体线路的养护质量，对保证列车安全运行和降低列车运行噪声都具有十分重要的意义。

此外，曲线是线路的薄弱环节之一，加强曲线养护维修管理，提高曲线养护维修质量，对确保行车安全平稳，延长曲线轨道部件使用寿命具有重要意义。

1）曲线圆顺度管理

实践和理论证明，曲线圆顺度（正矢变化）是导致外股钢轨不均匀侧磨、水平晃车的主要因素之一，也是轨道维护管理的难点之一，因此必须强化对曲线圆顺度的管理。

（1）曲线正矢测点的设置。

① 曲线正矢测点按照 5 m 点加密检查进行设置，附点正矢测量采用 5 m 点测点平移、一弦一测的方式进行。

② 为便于曲线几何尺寸的检查，缓和曲线上的超高、加宽均按照2.5 m 的顺坡长度计算后印刷在轨枕侧面，正矢按照 5 m 点距印刷在轨枕侧面，并应尽量做到三桩合一（超高、加宽、正矢统一在同一点上）。

（2）注意事项。

按照以上测量方法，对曲线正矢测点设置的要求如下：

① 为便于使用计算机用绳正法计算拨道量，曲线桩点设置应统一采用中分法，各点正矢由技术人员重新计算后下发工区执行。

② 曲线桩点编号方法不变，每 10 m 设置一大桩，10 m 桩间加设 5 m 小桩。大小桩的标识方法不变，仅对原 5 m 小桩的正矢重新计算、刷写。

③ 加密检查后曲线正矢除按规定的比差、连差、大小差分析以外，引入差之差概念，每相邻 5 m 桩的正矢差之差不能超过表 3－7 所示的规定，超过后应进行精确拨道，保证差之差不超限。

表 3－7 曲线正矢作业验收容许偏差

曲线半径 R/m	缓和曲线的正矢与计算正矢差/mm	圆曲线正矢连续差/mm	圆曲线正矢最大最小值差/mm	缓和曲线相邻 5 m 桩点正矢差之差/mm
$R \leqslant 250$	5	10	15	9
$250 < R \leqslant 350$	4	8	12	8
$350 < R \leqslant 450$	3	6	9	7
$450 < R \leqslant 800$	2	4	6	6
$800 < R \leqslant 1\ 600$	2	3	5	4
$R > 1\ 600$	1	2	3	2

注：曲线正矢用 20 m 弦在钢轨踏面下 16 mm 处测量。

（3）对称型桩点设置（中分法）：从曲线中点（QZ）分别向曲线始终点设置（见图3－1）。

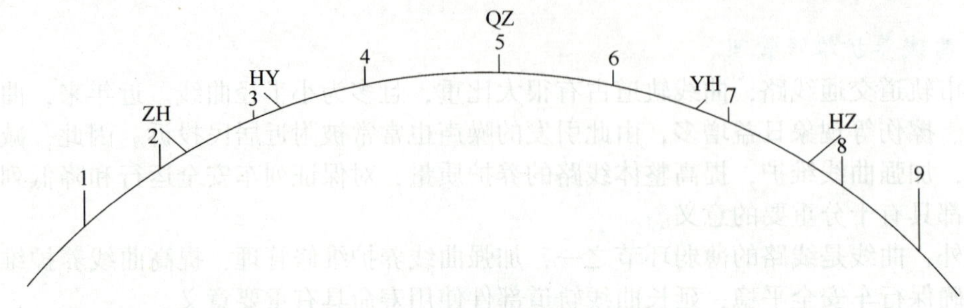

图3－1　对称型桩点设置示意图

（4）曲线养护维修标准。

① 曲线应保持圆顺。

② 曲线正矢经常保养容许偏差不得超过表3－8所示的规定。

③ 严格控制轨距顺坡率，轨距顺坡率不得大于1‰。

表3－8　曲线正矢经常保养容许偏差

曲线半径 R/m	缓和曲线的正矢与计算正矢差/mm		圆曲线正矢连续差/mm		圆曲线正矢最大最小值差/mm	
	正线及到发线	其他站线	正线及到发线	其他站线	正线及到发线	其他站线
$R\leqslant250$	7	8	14	16	21	24
$250<R\leqslant350$	6	7	12	14	18	21
$350<R\leqslant450$	5	6	10	12	15	18
$450<R\leqslant800$	4	5	8	10	12	15
$R>800$	3	4	6	8	9	12

④ 在养护维修中，要有计划地拨正曲线，整治“鹅头”“支嘴”等病害，保证曲线圆顺，并使曲线的头尾位置和曲线要素（缓和曲线长度、圆曲线半径、超高等）均与设备图表保持一致。

⑤ 在复心曲线的大小半径连接处，正矢与计算正矢的容许差，按大半径曲线的缓和曲线规定办理，缓和曲线与直线连接处不得有反弯或“鹅头”。

（5）曲线正矢的检测。

① 静态检测。

每月应安排一次对管内正线曲线正矢的全面检查，用弦线全面检测正矢，每次检查必须做到大小桩全部检查，并做好记录。

② 缓和曲线范围内对测点做定点测量，圆曲线内除对测点做定点测量外，可根据目视的不平顺情况做任意点测量。人工检测正矢用20 m弦在钢轨踏面下16 mm处测量。

③ 偏差现场复核。

a）动态复核：每次轨检车检测后的2～3日内，工区要结合动态偏差复核工作，完成对曲线轨向的正矢检查。Ⅲ、Ⅳ级偏差线路负责人要在24小时内复核，并组织消灭完毕。

b）静态复核：对每月检测出的正矢偏差，工区要在接到通知后的2～3日内完成对偏差地点曲线正矢和轨距的检查。线路负责人要有计划地复查。

2）曲线养修管理

（1）经常保持曲线轨道结构良好和各部加强设备的作用良好。

① 按《铁路线路修理规则》的要求安装设置曲线轨距拉杆，$R \leqslant 450$ m的曲线，安装设置标准为10根/25 m；450 m < $R \leqslant 600$ m的曲线，安装设置标准为8根/25 m，$R >$ 600 m的曲线根据需要安装。

② 对$R \leqslant 300$ m的曲线加装地锚拉杆，安装设置标准：圆曲线10 m/根，缓和曲线5 m/根。

③ 对$R \leqslant 300$ m的曲线，以及$R < 400$ m但缓和曲线顺坡率超过1.5‰的曲线，安装设置防脱护轨，安装设置标准：以缓圆（或圆缓）点为界，缓和曲线安装35 m，圆曲线安装25 m。

④ 加强对曲线钢轨状态的检查和监控，按标准及时进行钢轨修理和重伤轨更换；3日内焊复断开的无缝线路。

严格控制钢轨不均匀磨耗；建立侧磨分析台账，对钢轨侧磨异常的钢轨及时进行超高核算，调整超高设置。

⑤ 及时修理、补充和更换零部件。发现轨距扩大，外侧挡肩挤破，扣板磨耗离缝等情况，及时安排更换和调整配件。

⑥ 确保设备的完整和作用良好，$R \leqslant 800$ m的曲线应钉齐道钉。

⑦ 保持曲线道床饱满，及时补砟、匀砟，清挖翻浆，整治道床病害，提高曲线稳定性，道床顶面宽度及边坡坡度应符合《铁路线路修理规则》第3.2.2条的规定。

⑧ 无缝线路地段在夏、秋两季更迭前要安排扣件、接头螺栓复拧工作，保证扭矩达标，重点加强无缝线路曲线地段的轨向观测及轨温不均的观测，及时安排无缝线路曲线的应力调整和放散工作。

（2）曲线拨道。

① 每次轨检车、轨检仪和人工检测曲线后，工区要在结合现场复核检查的基础上，及时校正曲线正矢，在2～3日内由工长带队拨道消灭Ⅰ、Ⅱ级偏差。

② 每月线路负责人必须通过动、静态资料掌握管内曲线状态，并在审批工区作业计划时根据曲线状态安排、落实拨道和改道工作。

③ 对经常出现晃车，正矢较乱，工区无力拨正的曲线，技术部门或车间要安排专业曲线整治队，全面整正整个曲线。

④ 专业曲线整治队人工拨道整正曲线时，不得用简易拨道法拨道，必须采用绳正拨道法计算、拨正并要强化曲线拨道计算及作业技术培训。

⑤ 利用大型机械整修曲线时，地面人员要向大型机械作业人员准确提供曲线要素和曲线始终点，必要时应先安排对曲线桩点重新测量，准确确定曲线要素后安排大型机械（大机）拨道。

⑥ 引入曲线单元管理理念，把曲线前后 50 m 作为一个曲线管理单元，检查、起拨道等作业时一并进行管理。有计划地拨正曲线，整治“鹅头”“反弯”等病害，保证曲线圆顺。

⑦ 曲线拨道作业后，必须马上进行质量回检。作业后曲线正矢要达到正矢偏差管理值的作业验收标准。

⑧ 根据轨道检测仪、人工静态检查的资料和钢轨侧磨情况，坚持曲线细改细拨工作，解决曲线轨距千分率不顺、小碎弯等病害。

（3）曲线超高管理。

① 曲线超高按《铁路线路修理规则》第 3.7.1～3.7.4 条的规定设置。

② 曲线超高根据列车平均速度计算得出，任何人不得擅自改变曲线超高设置。

③ 曲线超高顺坡：曲线超高应在整个缓和曲线内顺完，顺坡率不得超过《铁路线路修理规则》第 3.7.4 条的规定，但当顺坡长度不足，需向直线或圆曲线内顺坡时，要注意夹直线长度问题、直线上设置超高的限制问题及圆曲线始终点的欠超高问题。

（4）曲线标志、标记管理。

① 曲线五大桩点位置必须准确，大修、大型机械（大机）作业或专项整治前应用经纬仪重新穿桩，必要时优化平面设计，重新确定五大桩后进行拨道。日常养护时严禁移动五大桩的位置。

② 曲线标记指曲线超高、加宽、正矢、曲线起终点及要素代号，曲线标记符号表如表 3－9 所示。

表 3－9　曲线标记符号表

标记名称	符号	标记名称	符号
直缓点	ZH	曲线全长	L
缓圆点	HY	缓和曲线长	l
圆缓点	YH	曲线超高	H
缓直点	HZ	曲线加宽	S
直圆点	ZY	曲线 10 m 正矢	F
圆直点	YZ	曲线 5 m 点矢距	f

2. 曲线病害及其防治

列车在曲线上运行时，由于轨道迫使车体转向，使机车车辆对轨道的冲击力、挤压力和轮轨间的摩擦力比直线上的大得多。在列车动力作用下，曲线轨道的方向变形速度

也远大于直线，而不良的曲线方向又会加剧列车的摇摆，增大列车对轨道的破坏力，形成恶性循环。所以，曲线轨道的养护维修，是工务维修工作中的一个重点。

在目前工务维修工作中，曲线线路上存在的病害不仅非常突出而且还难于彻底消除，因此对于曲线线路病害的预防及养护工作是工务部门日常养护及维修的重点和难点，不断地更新整治方式和养护手段，提高曲线养护维修质量更是我们实际工作中应该努力和发展的方向。

（1）病害：曲线正矢超限严重，局部实测正矢大于计划正矢或局部实测正矢小于计划正矢，前后100 m方向不良。

整治措施：根据曲线单元管理理念，曲线及前后各不少于50～100 m线路为一作业单元，采用全站仪进行精确定位测量，大机精确定位拨道。作业完毕，及时回填道砟，安装地锚拉杆。

（2）病害：曲线正矢不良，小方向。

整治措施：

① 更换和补充失效零部件。

② 加强轨距整改，重视轨距变化率。

③ 改道与曲线正矢整治相结合，以曲线上股为基准股，曲线正矢与计划正矢的误差控制在2 mm范围内，采取改正曲线上股轨距的办法调整曲线正矢，在保证曲线正矢及上股曲线圆顺的基础上改曲线下股轨距。

④ 对曲线内焊道、硬弯轨进行全面调查，结合打磨作用边改正轨距，对硬弯轨进行处理，消灭小方向。

⑤ 对拨后方向易发生变化之处，安装地锚拉杆进行控制。

⑥ 加强曲线扣件复紧，增加扣件压力。

（3）病害：曲线小高低。

整治措施：

① 采取捣垫结合，以捣为主的方法，积极采用冲击式捣镐。

② 对焊道进行打磨，消除焊道轨面不平顺，消除、减少车轮对轨面的冲击力。

③ 加强曲线易晃车地点的巡视检查，采取动态添乘与静态检查相结合的方法，及时发现、处理暗坑、吊板。

④ 曲线上股向直线方向不小于100 m地段上做成2 mm的一侧水平。

（4）病害：曲线“鹅头”与反弯。

病害原因：由于缓和曲线采用了直线型超高顺坡，列车经过时，在曲线头部位置产生冲击振动，这种冲击力极易形成曲线头尾部的“鹅头”。在小半径曲线上，此种病害尤其突出。其他原因如养护维修作业方法不当，习惯于上挑，破坏曲线头尾的正确位置；使用简易方法计算拨道，由曲线中间向两边拨道；设置缓和曲线长度、超高及轨距加宽不合理，道床不实。

整治措施：

① 一定要用绳正法计算拨道量，在曲线全长范围内拨道，并适当预留回弹量。

② 在曲线定期拨道时，在测量正矢前，要拨正直线两端的直线方向，在实测正矢时，可向直线多量几点，直到正矢为零。

③ 根据现场实际，合理做好轨距加宽、超高与正矢递减，做到三者同步进行。

④ 临时补修拨正曲线，不可从中间向两端拨道。

⑤ 曲线头尾处要保持足够的道床。

（5）病害：曲线钢轨接头“支嘴”。

病害原因：由于钢轨的弹性或有硬弯而产生。小半径曲线极易产生此类病害。另外，接头道床不足、不坚实，接头轨枕失效，钢轨夹板弯曲或接头螺栓松动等原因，都会促使接头“支嘴”的产生。

整治措施：

① 补足道砟，局部加宽和堆高曲线外侧道砟，把地锚拉杆安装在曲线外股钢轨水平位置上。

② 调换“支嘴”接头夹板，矫直硬弯钢轨。

③ 拨道作业中，只准下压不准上挑，如必须上挑，则采用拨动小腰带动接头的方法拨道。

（6）病害：曲线钢轨磨耗。

病害原因：钢轨的垂直磨耗是由于轮对通过小半径曲线时，因曲线轨道的外轨线比内轨线长，轮对在曲线上滚动时，内外轮滚动距离与内外轨线长度不相等，要依赖轮对在钢轨上的滑动加以调整；引起钢轨侧面磨耗的原因，主要是导向轮轮缘紧压外轨头侧面，轮轨间产生很大的摩擦力，此摩擦力所做之功，产生钢轨侧面磨耗。另外，超高不合适、轨底坡不合适、轨距变化率较大、线路养护不当等，也是导致钢轨磨耗的主要原因。

整治措施：

① 根据现场外轨侧磨和内轨压溃情况及时调整曲线超高。

② 及时更换压溃橡胶垫板，修正轨底坡，使轮轨接触面积增大。

③ 合理定期安排钢轨调边使用。

④ 养护曲线采用高标准，保持曲线圆顺度，定期检查，从预防的观点出发，治小治早。

⑤ 在曲线上股钢轨侧面涂油，可有效减少钢轨侧面磨耗。

（7）病害：钢轨波磨。

病害原因：轨道不平顺、道床处理不彻底、厚度不足、脏污、板结翻浆。

整治措施：日常养护中加强捣固和清筛，通过捣固、清筛，改善轨道弹性；合理安排打磨周期。

（8）病害：曲线钢轨下股压宽。

病害原因：过超高，超高设置不合理，造成下股木枕切压、胶垫压溃、铁垫板外口磨耗、使下股钢轨外翻。

整治措施：更换失效木枕、削平切压木枕，更换轨底橡胶垫板，更换磨耗及折断垫板；打磨钢轨。

任务 3.6 无缝线路监测与整修

【工作任务】

通过无缝线路监测与整修知识的学习，掌握以下能力：

(1) 掌握位移观测法的相关知识；

(2) 掌握普通钢尺标定轨长法的相关知识；

(3) 掌握无缝线路应力放散的相关知识。

【相关配套知识】

1. 位移观测法

为了掌握运营中无缝线路钢轨是否发生了不正常移位，判断无缝线路是否锁定牢固，以及在各种施工作业中是否改变了原锁定轨温，应定期对无缝线路进行零应力轨温的检测，以判断无缝线路的锁定状态。如发现有不正常移位，应及时采取措施予以整治。

1）位移观测桩的设置

位移观测桩的设置根据线路的伸缩区、线路单元轨条的具体情况和设计文件进行，并须符合有关规范的要求。

2）位移观测

(1) 位移观测采用光学准直仪进行，数据显示采用铝制位移标尺（20 mm × 100 mm），位移标尺分左右两种，分别贴于钢轨左右两股轨腰上。

粘贴工作在铺设时或与放散锁定施工同步进行。先使用准直仪在两相对观测桩连线上的轨腰处做一永久标记，然后用强力胶将标尺贴在轨腰上。粘贴前应先对钢轨除油去锈，以确保粘贴质量。标尺面向主镜一侧，标尺“0”点对准永久性标记，正方向在迎车一方。在距标尺 100 mm 处用红油漆刷 80 mm × 1.5 mm 底框，然后用白油漆写上“×#××℃”字样。“×#”表示桩号，“××℃”表示迎车方向一段的锁定轨温。

(2) 测量方法：将准直仪及对中器分别置于两侧路肩的观测桩上，整平对中。在仪器精确对中后，分别依次通过准直仪目镜读出各股钢轨纵向钢轨爬行量。

(3) 固定桩位移观测由专人负责，每月负责全面观测一遍。

(4) 位移观测数据分析：①固定区位移变化较小，是因为线路铺设锁定轨温合理，并在施工中得到了技术保证；②由于桥头、曲线头尾为道床阻力变化点，在这些位置轨条位移变化较大，是无缝线路养护维修作业中的重点控制部位。

2. 普通钢尺标定轨长法

1）基本原理

基本假定：

(1) 普通钢卷尺和钢轨的线膨胀系数相等；

（2）钢卷尺与钢轨在同一温度环境下，尺温与轨温相同；

（3）若钢轨与钢尺均处在自由状态下，则 50 m（或 25 m）长的钢轨与 50 m（或 25 m）长钢卷尺的长度，在任何温度下均相等。

轨长的标定在焊轨场进行。标定时在特定的工位，按定长对处在自由状态下的 25 m 长钢轨设标。在铺设时或线路公司养护中，为准确掌握锁定轨温值，可测取其标长，据以换算零应力轨温。经过标定轨长法设标长轨条，一经铺入线路便被扣件紧固锁定，如无特殊作用，其固定区长度将不再因温度变化而改变。

设跨区间无缝线路上钢轨的零应力轨温为 T_0，单元长轨条上的标距为 L_0，现场取标时的轨温为 T，取标时处在自由状态下的钢卷尺测标长度为 L_t。换算零应力轨温为 T_0 时，可能遇到以下三种不同情况：

① $T > T_0$ 时：

$$T_0 = T - \Delta t \qquad \Delta t = \frac{\Delta L}{\alpha L} = \frac{L_t - L_0}{\alpha L_0}$$

Δt 为高出零应力轨温的温差值。

② $T < T_0$ 时：

$$T_0 = T - \Delta t \qquad \Delta t = E\frac{L_0 - L_t}{25 L_0}$$

Δt 为低于零应力轨温的温差值。

③ $T = T_0$ 时：

钢卷尺之长度 L_t 必然等于线路上单元长度轨条之标距 L_0。在此情况下，因 $L_t = L_0$，所以 $\Delta L = 0$，Δt 也必为零，即 $T = T_0$（T 为零应力轨温值）。

2）标定轨长工艺方法

（1）设标技术要求。

① 长轨条每 250 m 设测标一组，标长 24 m。

② 距测长误差：±1 mm 为合格，±0.5 mm 为优良。

③ 标的冲眼表面直径不得大于 0.5 mm，要清晰易找。

（2）设标工艺。

挑选 25 m 长的钢轨，在配轨基地进行标定。

① 轨端约 0.5 m 处，在轨头外侧中部打一钢冲眼，即测标，用划针和划规将测标引至轨面。

② 吊起钢轨，随即放下，使钢轨在标定时处于自由状态。

③ 钢尺零点刻度线对准测标引线，并用磁力座固定钢尺。

④ 钢尺另一端用拉力器以 40 N 拉力拉紧并放平，用划规对准钢尺的 24 m 刻度线，用划针向轨头外侧引线。

⑤ 按前项作业顺序重新对零，再于 24 m 处向轨头外侧引线。如两次划线重合，即在轨头外侧中部打测标定位眼孔。如不重合，但相差在 1 mm 以内，可取中打眼。如大于 1 mm，则按（3）、（4）、（5）项顺序重做。

⑥ 测标冲眼涂黄油保护。在测标两侧涂30 mm宽的白铅油标记。

⑦ 无论设标或取标，同一组测标一律用划规的同一侧正划或反划、正视或倒视、左手划或右手划，均应保持一致。作业中途不得换人。

⑧ 250 m及以下的长轨条，在其中部设测标一组。大于250 m但小于500 m时，比照上述办法设测标两组。

（3）取标。

测量零应力轨温时要取标。取标最好在原锁定轨温 ±10 ℃范围内进行。取标顺序如下：

① 将轨温计置于轨面，轨面温度与钢尺同温度。

② 用划规和划针将轨头侧面的测标引至轨面。

③ 钢尺零点刻度线对齐始点测标引线，并用磁力座固定。

④ 钢尺另一端用拉伸器以40 N拉力拉紧，读出钢尺相对端测标引线的超长量或缩短量，即读出 Δl 值，并记录。超长取负，缩短取正。

⑤ 再按（2）、（3）、（4）项重做一次，如两次读数差在0.5 mm以内，则取平均值记录。如超过0.5 mm，则应重做。

⑥ 记录轨温计读数，即尺温值 $t_{尺}$。

测得数据后，按下式计算锁定轨温 T_s：

$$T_s = t_{尺} + \Delta t$$

式中 Δt 按下式计算：

$$\Delta t = \frac{\Delta l}{\alpha l} = \frac{\Delta l}{0.000\,011\,8 \times 24\,000} = \frac{\Delta l}{0.283\,2}$$

于是得：$T_s = t_{尺} + \dfrac{\Delta l}{0.283\,2}$

上式为代数和，Δl 值有正有负。

3. 无缝线路应力放散

1）滚筒放散法

（1）在施工准备中，进行轨条整理，紧固固定端扣件及联结零件，松开扣件，垫入聚四氟乙烯，做临时位移观测标记、放散量的计算等工作。

放散量按下式计算：

$$\Delta L = \alpha L\,(T_s - T_p)$$

式中 ΔL——放散量（mm）；

α——钢轨的线膨胀系数［$\alpha = 0.011\,8$ mm/(m·K)］；

L——单元轨节长度（m）；

T_s——钢轨的实际锁定轨温（℃）；

T_p——换铺长轨时的平均轨温（℃）。

当实际锁定轨温低于换铺长钢轨时的平均轨温时，ΔL 为负值，放散后单元轨节缩短；当实际锁定轨温高于换铺长轨时的平均轨温时，ΔL 为正值，单元轨节伸长。

（2）设置临时位移观测点。根据单元轨节长度，均匀设置若干个临时位移观测点，以观测应力放散过程中钢轨的位移变化。

（3）安装滚筒。松完扣件后，用起道器抬起钢轨，每隔若干根，抽掉轨枕承轨槽上的胶垫后，垫入滚筒，使钢轨处于自由伸缩状态。垫入滚筒数以抬起钢轨使轨不与胶垫等接触为限。考虑到滚筒与钢轨的摩擦，可采用两块聚四氟乙烯板叠放以降低摩擦力。据测定，聚四氟乙烯板间的摩擦系数仅为0.05。

（4）撞轨。

单元轨节每300～500 m设置一撞轨点，撞轨点应离焊缝不小于8 m，以减少撞轨时对焊头的冲击。用撞轨器沿放散方向撞击钢轨，同时观察位移变化情况，当位移发生反弹且各点位移变化均匀时，视为钢轨达到自由伸缩状态，即零应力状态。

（5）锁定。

当长轨达到零应力时，撤除滚筒，同时检查轨下胶垫安装是否正确，并开始锁定，单元轨节尾端50 m范围内扣件全部紧完，并上紧临时联接器后，可视为长轨已锁定，中间部分可采用隔二紧一的形式以提高锁定质量。

2）综合放散法

综合放散法与滚筒放散法在前（1）～（4）步基本相同，只是在形成零应力状态后暂不锁定线路，而是计算出其在计划锁定轨温时的伸长量，再通过拉伸器将其拉至其在计划锁定轨温时应有的长度后，通过撞轨使其内部应力均匀后再锁定长轨。

拉伸量的计算：钢轨放散至零应力后，根据计划锁定轨温和实测轨温计算出拉伸量，计算公式如下：

$$\Delta L=\alpha L\ (T_s - T_{sj})$$

式中　ΔL——拉伸量（mm）；

α——线膨胀系数［$\alpha=0.011\,8$ mm/(m·K)］；

L——单元轨节长度（m）；

T_s——计划锁定轨温（℃）；

T_{sj}——实际轨温（℃）。

任务3.7　线路抢修

【工作任务】

通过线路抢修知识的学习，掌握以下能力：

(1) 了解并掌握线路抢修工作的内容；

(2) 能进行线路抢修处理。

【相关配套知识】

1. 线路主要故障

（1）无缝线路胀轨；

（2）线路断轨；

（3）挤岔；

（4）轨行区淹水。

2. 线路应急抢修组织

各城市轨道交通公司负责线路设备养护维修的相关部门应成立抢修队，对经常发生的故障要有人力、材料、机具、运输工具等方面的提前准备，一旦故障发生，要以最快的速度到达现场处理故障；抢修队伍组织架构、联系方式应报上级部门，用于应急抢险的工器具、材料要做到专项使用。

1）抢修组织

负责线路设备养护维修的专业公司成立的抢修队，应设置抢修指挥组、技术保障组、现场抢修作业组、后勤保障组及后援队伍等。

（1）抢修指挥组职责：

① 负责抢修工作的总体指挥和调度；

② 负责与上级指挥部门的沟通；

③ 负责对技术保障组、后勤保障组和现场抢修作业组发布抢修指令；

④ 负责对拟采取的抢修方案进行批准并组织实施；

⑤ 负责与其他专业公司进行联络与配合；

⑥ 负责现场抢修作业组内部的协调；

⑦ 组织现场抢修作业组进行专业培训和日常预案演练。

（2）技术保障组职责：

① 负责在抢修作业前对现场进行数据采集、状态评估，拟定抢修技术方案；

② 负责在抢修过程中监控设备状态及数据变化，随时修正抢修方案；

③ 负责在抢修作业后对设备状态进行鉴定和对有关资料进行收集汇总；

④ 负责对抢修演练进行技术指导；

⑤ 密切配合教育培训部门的专项培训工作；

⑥ 负责对抢修预案进行修订完善。

（3）现场抢修作业组职责：

① 负责组织抢修作业人员携带抢修用具迅速赶赴现场；

② 配合技术保障组开展状态评估和数据采集；

③ 协助技术保障组提出抢修方案；

④ 负责抢修作业的实施；

⑤ 负责抢修作业过程中的标准化和规范化工作；

⑥ 负责抢修作业过程中的质量管理、安全管理与现场工料管理；

⑦ 协助技术保障组对抢修作业后的设备状态进行鉴定；

⑧ 参与抢修后的设备质量验收；

⑨ 积极参与日常技术比武和抢修演练活动。

（4）后勤保障组职责：

① 负责抢修信息的传递；

② 负责抢修设备物资的调度；

③ 负责抢修车辆的调度；

④ 负责应急物资的供应；

⑤ 负责抢修作业人员的后勤保障；

⑥ 负责抢修物资的储备和日常管理，确保抢修物资的正常供应和良好状态。

2）抢修物资

（1）抢修物资布点原则。

轨道维修单位应该根据线路故障的类别把相应的工器具、材料进行布点，布点原则如下：

① 各车辆段（含停车场）应设置应急抢险综合物资储存间；

② 正线两端折返站应做断轨、挤岔应急抢险工器具的布点；

③ 在道岔区进行钢轨、道岔尖轨、基本轨、辙叉心等关键部件的布点；

④ 每区间布置有孔和无孔短轨各一根。

（2）抢修物资的储备。

① 基地或停车场储备以下抢修物资。

a）锯轨机 1 台、锯片 5 片；

b）P50 和 P60 钻眼机各 1 台、钻头各 2 根；

c）380 V 和 220 V 发电机各 1 台；

d）380 V 和 220 V 拖线盘各 2 只；

e）电动捣固棒 1 台；

f）水泵 2 台；

g）太阳灯 4 只，灯管 10 根；

h）吊轨小车 3 只；

i）弯轨器 1 台；

j）轨缝调节器 1 台；

k）急救器 1 组；

l）P50 和 P60 接头夹板及螺栓各 4 套；

m）撬棍 5 根，大锤 1 把，其他工具材料若干。

② 折返线车站储备以下抢修物资。

a）正线同型号 25 m 钢轨 2 根；

b）各型尖轨各 1 根；

c）各型基本轨各 1 根；

d）各型辙叉心各 1 只；

e）各型护轮轨各1根；

f）各型联结杆各1套；

g）滑床板各1套；

h）活接头螺栓1组。

③ 各车场露天储备以下抢修物资。

a）P60混凝土轨枕20根；

b）普通木枕20根；

c）黄砂100袋；

d）25 m P50轨2根；

e）25 m P60轨2根；

f）异形接头钢轨1根；

g）优质道砟若干方；

h）各型温调器各1组。

（3）抢修物资管理。

① 各车辆段的应急抢修物资库的开启应由生产调度批准，库内物资日常由基地站线工区负责管理。其他各抢修分仓库和露天仓库由相关设备管理部门负责管理。各沿线岔区抢修备料由相关工区负责管理。

② 各抢修仓库物资仅供抢修队在执行设备抢修作业时使用，使用后由相关设备管理部门负责对抢修物资进行添补。

③ 保障组有关人员做好抢修物资使用的相关台账的登记工作，并经常督促有关部门对抢修物资进行保养和维护，使其保持良好的应急使用状态。

④ 各设备管理部门及下属工区应保持抢修物资的良好状态，建立统计台账，做到账、卡、物相符，对动力机具做好日常保养并定期试机。

（4）应急抢修流程。

① 抢修信息传递的流程。

图3－2所示为某城市轨道交通公司抢修信息传递的流程。

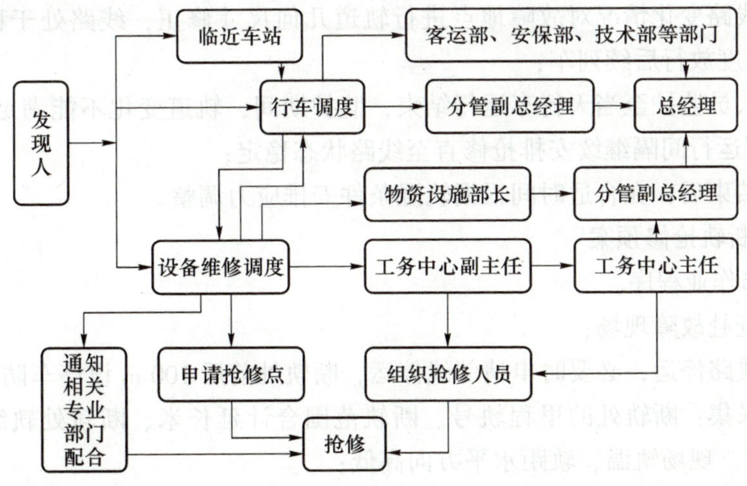

图3－2　某城市轨道交通公司抢修信息传递的流程

② 抢修信息传递的内容。

a）设备故障发现人或传递人的姓名和部门；

b）设备故障的地点，包括线别、车站、区间、里程、百米标等；

c）设备故障发现的时间或接报的时间；

d）设备故障的类别、设备目前的状态程度。

3. 线路主要故障应急预案

1）无缝线路胀轨抢修预案

（1）抢修作业程序。

① 迅速赶赴故障现场；

② 申请线路停运，必要时申请邻线停运，胀轨处前后 100 m 设停车防护员；

③ 数据采集：胀轨处的里程轨号、胀轨范围合计延长米、胀轨矢度、现场轨温、轨距、水平、方向、高低；

④ 寻找水源，浇水降温；

⑤ 确定抢修方案（持续浇水降温或使用液态二氧化碳降温或截断长轨插入短轨）；

⑥ 按抢修方案实施；

⑦ 全面拨正线路、补砟、捣镐、夯拍道床；

⑧ 全面复紧扣件；

⑨ 作业前、中、后测量轨温。

（2）线路恢复开通。

① 开通前线路检查；

② 线路几何尺寸符合线路设备维修规则要求，取消停车保护，申请以5 km/h速度放行第一趟列车；

③ 根据线路变化情况对故障地点进行轨道几何尺寸修正，以 25 km/h 速度放行第二趟列车；

④ 根据线路变化情况对故障地点进行轨道几何尺寸修正，线路处于稳定状态时可以 45 km/h 速度放行后续列车；

⑤ 安排人员监护至当天行车运行结束，监护期间，轨道变化不能满足行车要求时，立即申请利用运行间隔继续安排抢修直至线路状态稳定；

⑥ 抢修结束后，在合适时间根据轨温条件安排应力调整。

2）线路断轨抢修预案

（1）抢修作业程序。

① 迅速赶赴故障现场；

② 申请线路停运，必要时申请邻线停运，断轨处前后 100 m 设停车防护员；

③ 数据采集：断轨处的里程轨号、断轨范围合计延长米、断轨处轨缝尺寸、钢轨纵向位移长度、现场轨温、轨距水平方向高低；

④ 切割钢轨断裂部分，插入不短于 4. 5 m 的同型号钢轨；

⑤ 安装接头夹板及螺栓；

⑥ 断裂处前后 100 m 全面复紧扣件；

⑦ 作业前、中、后测量轨温。

（2）线路恢复开通。

① 开通前线路检查；

② 线路几何尺寸符合线路设备维修规则要求时，取消停车保护，申请以5 km/h速度放行第一趟列车；

③ 根据线路变化情况，对故障地点进行轨道几何尺寸修正，以 25 km/h 速度放行第二趟列车；

④ 根据线路变化情况对故障地点进行轨道几何尺寸修正，线路处于稳定状态时可以 45 km/h 速度放行后续列车；

⑤ 安排人员监护至当天行车运行结束，监护期间，轨道变化不能满足行车要求时，立即申请利用运行间隔继续安排抢修直至线路状态稳定；

⑥ 抢修结束后，在合适时间根据轨温条件安排应力调整。

3）挤岔抢修预案

（1）抢修作业程序。

① 迅速赶赴故障现场；

② 申请道岔区线路停运，道岔区前后 100 m 设停车防护员；

③ 现场状态调查：尖轨、基本轨、护轮轨、辙叉心、拉连杆及零配件损坏情况，密贴、开程、轨距、水平、支距、方向等道岔尺寸；

④ 拆除破损的尖轨、基本轨、护轮轨、辙叉心、拉连杆及零配件；

⑤ 更换破损的尖轨、基本轨、护轮轨、辙叉心、拉连杆及零配件；

⑥ 调整各部分尺寸；

⑦ 全面拧紧各螺栓；

⑧ 检查密贴、开程、轨距、水平、支距、方向等道岔尺寸；

⑨ 与电务联动测试道岔状态，由车站确认道岔状态。

（2）线路恢复开通。

① 开通前线路检查；

② 线路几何尺寸符合线路设备维修规则要求时，取消停车保护，申请以5 km/h速度放行第一趟列车；

③ 根据线路变化情况，对故障地点进行轨道几何尺寸修正，以 25 km/h 速度放行第二趟列车；

④ 根据线路变化情况对故障地点进行轨道几何尺寸修正，线路处于稳定状态时可以 45 km/h 速度放行后续列车；

⑤ 安排人员监护至当天行车运行结束，监护期间，轨道变化不能满足行车要求时，立即申请利用运行间隔继续安排抢修直至线路状态稳定。

4）轨行区淹水抢修预案

（1）抢修作业程序。

① 迅速赶赴故障现场。

② 根据现场情况申请线路停运（积水面距轨面小于 50 mm）；限速 20 km/h（积水面距轨面小于 100 mm）；限速 40 km/h（积水面距轨面小于 150 mm）；积水面距轨面大于 150 mm 可不限速。积水地点前后 100 m 设防护员。

③ 现场状态调查：道床、路基含水、浸没、冲刷及坍塌情况和线路下沉变化情况。

④ 垫设沙包拦截水源，疏通排水沟。

⑤ 开启排水泵抽取积水，降低水位。

⑥ 根据轨面下沉及石砟路基陷落情况申请停运，安排起道捣固、补砟、抛填片石、夯拍道床。

⑦ 检查道床和路基的含水、浸没、冲刷及坍塌情况，检查线路几何尺寸。

（2）线路恢复开通。

① 抢修结束，申请以 5 km/h 速度放行第一趟列车。

② 根据线路变化情况对故障地点进行轨道几何尺寸修正，以 25 km/h 速度放行第二趟列车。

③ 根据线路变化情况对故障地点进行轨道几何尺寸修正，线路处于稳定状态时可以 45 km/h 或更高速度放行后续列车。

④ 安排人员监护至当天行车运行结束，监护期间，轨道变化不能满足行车要求时，立即申请利用运行间隔继续安排抢修直至线路状态稳定。

【项目小结】

（1）维护作业是保持轨道稳定状态的重要维修活动。维护作业是实施轨道维护的关键作业，也是实现和保持轨道技术状态的作业活动。维护作业可分为：钢轨维护作业、道床维护作业、线路维护作业、道岔维护作业、线路抢修等。由于道岔的组成复杂、维护作业接口多，对道岔进行维护作业时要做好与相关专业的协调工作。

（2）线路抢修要做好相应的预案工作，城市轨道交通工务部门要建立应急抢修队伍、规范应急抢修流程、做好应急抢险工器具的布点工作，针对每一个轨道故障都要有相应的应急措施，以确保运营的安全。

【复习思考题】

（1）扒道床、整理道床和清筛道床的作业要求有哪些？

（2）简述道床起道捣固作业的技术标准。

（3）简述人工捣固的排镐顺序。

(4) 如何鉴别钢轨是否存在硬弯？

(5) 简述拨道作业的作业程序。

(6) 简述改道作业的作业程序。

(7) 叙述道岔常见病害的预防整治措施。

(8) 简述工电配合进行道岔施工的程序。

(9) 线路、信号标志设置的位置是怎样规定的？

(10) 简述无缝线路胀轨抢修的作业程序。

(11) 简述线路断轨抢修的作业程序。

(12) 简述挤岔抢修的作业程序。

(13) 简述轨行区淹水抢修的作业程序。

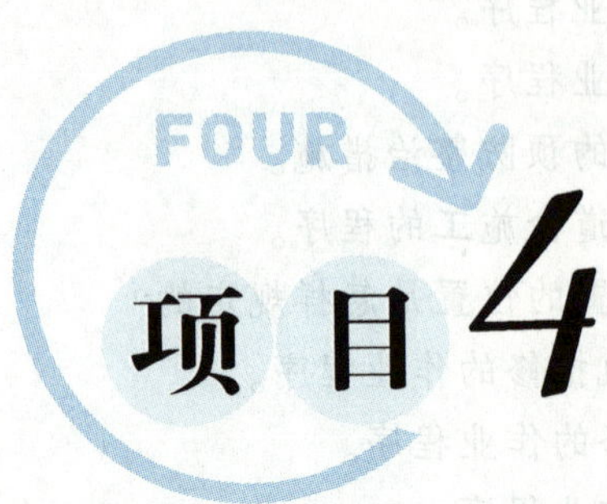

轨道线路设备维护

【项目描述】

轨道线路设备受车辆运行的动力荷载作用及各种自然条件的影响，会发生各种各样的形变，由于线路主要设备道岔具有数量多、构造复杂、使用寿命短、养护维修投入大等特点，其与曲线、接头并称为轨道的三大薄弱环节。线路设备日常养护和维修成为工务维修的一项基础性工作。本项目重点介绍轨道线路设备维护作业的技术标准和作业程序，以及附属设备和接触轨的维护方法等内容。

【教学目标】

1. 能力目标

- 能针对线路设备维护的要求，开展相应的检测、检查和线路设备的维护工作；
- 能进行附属设备的简单维护；
- 能进行接触轨维护作业。

2. 知识目标

- 掌握轨道线路设备维护作业程序；
- 了解附属设备维护的内容和方法；
- 掌握接触轨维护的作业程序。

3. 素质目标

- 养成全面考虑问题的习惯；
- 具备独立解决问题的能力；
- 养成分工协作的意识；
- 具备一定的协调组织能力。

相关案例

上海地铁撞车事故案例

2009 年 12 月 22 日 5 时 50 分，上海地铁一号线陕西南路站至人民广场站区间突发供电接触网跳闸故障，造成该区间列车停驶。

当日 6 时 50 分，在富锦路站至上海火车站站小交路折返段，中山北路站往上海火车站站下行的 150 号车以 60.5 km 的时速行驶近上海火车站站时，司机发现前方信号灯为红灯，立即采取紧急制动措施，随后系统才发出制动命令；由于当时制动距离已不足，6 时 54 分，载有乘客的 150 号车以 16.5 km 的时速与正在折返的 117 号空车发生侧面冲撞，造成 150 号车驾驶室车头受损和第 1 节车厢的第 2 位转向架的轮对脱轨。由于速度较慢，事故未造成乘客伤亡。

任务 4.1 道岔维护作业

【工作任务】

通过道岔维护作业知识的学习，掌握以下能力：

(1) 能够进行道岔几何状态的静态检查；

(2) 了解并掌握道岔维护工作的内容；

(3) 能够进行道岔日常维护工作。

【相关配套知识】

1. 道岔维护的主要工作内容

按照道岔维护作业修程的划分，道岔的主要维护作业如下。

1) 日常养护

(1) 正线及基地道岔滑床台涂油；

(2) 正线及基地道岔几何状态的检查和超限消灭；

(3) 检查正线及基地道岔联结零件作用是否良好及更换失效的部件；

(4) 道岔内钢轨肥边打磨；

(5) 更换道岔内伤损钢轨；

(6) 道岔内联结零件涂油。

2) 大、中修

(1) 整组道岔清筛；

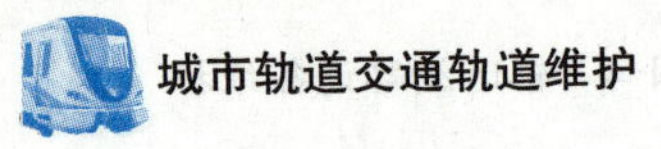

(2) 整组岔枕更换；

(3) 整组道岔更换。

2. 道岔常见病害的整治

1) 道岔常见病害的种类

(1) 尖轨动程过小；

(2) 尖轨与基本轨不密贴；

(3) 尖轨跳动；

(4) 尖轨扳动不灵；

(5) 尖轨与滑床板不密贴；

(6) 道岔方向不良。

2) 道岔病害产生的主要原因

(1) 养护维修时忽略了道岔前后线路，造成道岔与前后线路不顺，受到列车冲击，方向与轨距发生变化；

(2) 道岔铺设位置不正确，增大了列车对轨道的冲击，造成前后、左右错位；

(3) 作业方法不合理，整正轨距时硬性凑合，造成连接不圆顺；

(4) 曲基本轨弯折点不正确，尖轨前端递减距离和方向难以保持，尖轨尖端和中部轨距变小，尖轨根部与导曲线连接方向不顺；

(5) 捣固不实，使线路出现低洼，加剧列车通过时的摇摆和冲击，增加横向推力，促使方向变化；

(6) 道砟不足，道岔零部件多，影响补砟和夯实，减低了道床阻力，方向难以保持；

(7) 道岔零件联络不好，使零件磨耗加大，引起基本轨横移、轨距变化、轨道爬行、方向不正等一系列病害；

(8) 其他一切几何尺寸的不良都能加剧车体的摇摆而破坏道岔方向。

3) 预防整治措施

① 做好道岔前后 50 m 线路的整体维修，经常保持轨面方向平顺；

② 注意直股基本轨方向，拨好道岔位置，道岔轨距与支距均以直股基本轨为基准，如波动牵涉范围较大，应进行测量，全面布置道岔群位置，再进行拨正；

③ 正确弯好基本轨的曲折点，做好轨距加宽递减；

④ 认真检查、确认出厂新轨的弯折量；

⑤ 加强捣固作业，力求质量均衡；

⑥ 加强各零部件的养护维修，充分发挥扣件固定钢轨的作用。

3. 道岔维护基本作业

1) 道岔起道和捣固

(1) 作业范围。

① 在对道岔进行综合维修，经常保养，临时补修时，对道岔范围内的水平、高低、三角坑进行调整。

② 整治坑洼，增加道床厚度，调整纵断面而进行局部或全面起道捣固。

（2）作业程序。

① 调查道岔技术状态，安排作业计划。

全面起道时，将转辙、连接、辙叉各部的计划起道量，以及道岔前后线路起道量标记在轨腰上。

重点起道时，标好坑洼头尾及钢轨低接头、拱腰、空吊板等捣固标记。

② 作业负责人检查轨距尺，起道器操作人员检查起道器的状态。

③ 与车站联系登记，确认作业时间，用减速信号防护或封锁施工均按《铁路工务安全规则》的规定做好防护。

④ 取出影响作业的防爬支撑。

⑤ 对个别位置不正的岔枕，按方正岔枕作业标准进行方正。

⑥ 撤除调高垫板，调整好胶垫或铁垫板位置，用撬棍压起轨枕，打紧道钉，拧紧扣件。

⑦ 起道。

全面起道时，按标好的起道量起道。先将道岔直股外轨为标准股起足起道量，做好长平，然后做好水平，起道后同时方正轨枕，再做好对应的另一股水平，逐段进行。

重点起道时，一般在距起道器不少于 20 m 处，目测基本股钢轨外侧下颚线高低情况，指挥起道，做好对应的另一股钢轨水平。

⑧ 捣固。

全面捣固时，尖轨尖端及其前后各 3 根轨枕和辙叉部分，适当增加捣固力度和镐数，尖轨跟端和钢轨接头加强捣固。对辙叉部分个别空吊板，可用起道器吊起岔枕进行捣固。

重点捣固时，从坑头、坑尾向中间，逐渐增加捣固力度和镐数。

⑨ 检查水平、高低和空吊板情况，进行整修。

⑩ 安装防爬支撑。

⑪ 回填、整理道床，夯拍密实。

⑫ 全面检查，确认符合技术要求，通知车站开通道岔，注销登记，撤除防护，清理现场，转移。

（3）作业要求。

① 进行全组道岔起道，以岔首和辙叉的高程为基点高程，整治道岔各部位的坑洼、鼓包、不平顺，做好转辙部、连接部和辙叉间的前后高低平顺。

② 放置起道器前，先挖好起道器窝，起标准股时，尖轨部分，导曲线前部，护轮轨部分，起道器放在钢轨外口。起其他股时，比照起标准股的做法，起道器放在最外一股钢轨的外口。混凝土岔枕道岔，起道器放在接缝以外的轨枕孔内。

③ 尖轨跟端起道应以下股为准，一般取其直股、曲股两线的水平偏差值的和的 1/2 作为该点的起道量。

④ 导曲线起道，起下股时，导曲线长平要与尖轨跟平顺。起道器抬起道后，三股钢轨要同时打镐塞，以减少起道次数。起道时四股钢轨应保持在同一水平面上，导曲线上股较下股稍抬高 2 ~ 3 mm；导曲线后端直、曲股接头中间处，抬到养护标准，做好顺

坡。如遇四股钢轨无法做到同一水平面，翻转个别导曲线岔枕，然后再进行起道捣固。

⑤ 辙叉部分起道时，把起道器放在下股钢轨外侧，同时用轨距尺量上股，抬起后迅速捣固辙叉，从辙叉趾端起，或者从辙叉跟端起，按前进方向，依顺序打四面交叉镐，对辙叉心及前后接头，增加镐数。大号辙叉起道可用两台起道器同时起道。

⑥ 捣固时，每根岔枕打八面镐，捣固轨底两侧各不少于400 mm。单开道岔的尖轨尖端转辙器拉杆处的3个木枕孔，交分道岔钝角辙叉可动心轨处的3个木枕孔，均受转辙器拉杆的影响，此处捣固采用斜向捣固的方法慢捣、细捣。尖轨跟端和辙叉，以及菱形钝角辙叉部位，均为列车震动冲击严重部位，捣固要细致，采用四面交叉捣固。辙叉受单侧行车影响形成偏载，应增加镐数。

⑦ 一般小坑在坑底放置起道器，漫坑除坑底外适当增加放置起道器数。打塞时，用捣固镐在钢轨外侧枕下适当捣实。在铺设木岔枕的道岔上，起道器放在钢轨接头时，在接缝前后枕盒内向接缝两侧轨下捣实。

⑧ 起道时应考虑岔群长平的一致性，确保建筑物、管道、电缆等不受干扰，使线路与道岔，道岔与道岔之间衔接平顺。

⑨ 起道顺坡长度，在作业中临时顺坡不小于200倍，收工时不小于400倍。

(4) 技术要求。

① 水平、高低容许偏差，符合容许偏差规定。

② 道床石砟饱满，捣固密实。

③ 由于起道捣固引起的有关项目，应符合各项标准。

④ 在有轨道电路道岔作业，与电务有关时，应通知电务部门配合作业。

2）道岔拨道

(1) 作业范围。

① 道岔方向不良或发生显著变化，可通过养护维修拨正方向。

② 调整道岔横向位移。

(2) 作业程序。

① 调查工作量，安排作业计划。

② 根据作业计划，准备材料、工具。

③ 与车站联系，按规定设好防护。

④ 扒松岔枕头石砟。拨动量较大时，扒开岔枕头石砟。撤除防爬设备。

⑤ 按计划先拨正道岔直股方向，然后以直股为准，做好曲股的支距和各部间隔。

⑥ 拨动量较大时，拨道结束后进行捣固。

⑦ 回填石砟、整平、夯实。

⑧ 安装设置防爬设备。

⑨ 作业结束，会同有关人员共同试验，确认符合技术要求，通知车站，开通道岔，注销登记，撤除防护，清理现场，转移。

(3) 作业要求。

① 调查工作量时，发现拨道影响其他设备，或其他设备影响拨道时，与有关部门协商解决。

② 拨道人员可分两组，分别在两股钢轨相对位置上作业。

③ 拨道量较大时，拨道负责人，以道岔直向外股钢轨为基本股，跨站在距拨道地点 30 m 位置，背向阳光，目视两端线路及道岔。拨动量较大时，根据预先埋设好的测桩，指挥拨道。如果拨道量不大，拨道负责人站在适当位置，以直股钢轨为基准，目视两端和道岔，判定拨动量，进行拨移。

④ 拨道人要注意拨道负责人的动作，根据手势拨道，在基本股最前面，持撬棍的人要负责在钢轨上点撬，往回倒撬时，也要点撬。大弯需一撬倒一撬地向前拨，每拨到中间可隔 3 ~4 个轨枕孔，遇到接头时，必须插撬。遇到钢轨有硬弯时，可用起道器加顶调直的方法配合拨道；局部小方向可用撬棍集中插入轨底拨正，防止插偏，或撬位过长拨成反弯。在混凝土岔枕道岔上，用液压拨道器拨道，先扒好窝，或在起道器下垫上铁板。起道器与地面夹角在 20°左右，拨道应预留回弹量。

⑤ 拨道时要注意邻线间距，线路、道岔与信号机、站台等建筑物的距离。

(4) 技术要求。

① 方向直顺，道岔及其连接曲线方向符合有关规定。

② 由于拨道引起的有关项目作业，应符合各项作业标准。

3) 道岔改道

(1) 作业范围。

① 改正超限及变化率不符合标准的轨距。

② 整修道岔支距及查照间隔。

(2) 作业程序。

① 调查道岔技术状态，安排作业计划。

检查轨距，每隔 2 ~3 根岔枕量一次，轨距变化处必须测量，做好改道标记；改支距时，用支距尺，测量各点支距或量出导曲线正矢，做好改道标记。

② 到车站办理登记，设好防护。

③ 在改道范围内，将有铁垫板压陷或四周有毛刺的岔枕削平清理干净。

④ 按作业要求起拔道钉或卸下扣件。

⑤ 在需要改变的旧钉孔中塞入防腐木塞，在新钉孔位置用 12 ~12.5 mm 的钻头钻孔。混凝土岔枕应更换、调整扣件。

⑥ 用直钉器校直弯曲道钉，如旧钉不能使用，更换新道钉。

⑦ 用撬棍或改道器，将钢轨拨正到正确位置，然后钉好道钉或拧紧扣件。

⑧ 全面检查，对不良之处进行整修。

⑨ 作业结束后，会同有关人员进行检查试验，确认符合技术要求，签字确认，撤除防护，清理现场。

(3) 作业要求。

① 改道作业可以按转辙部分、连接部分、辙叉部分分段进行。

转辙部分：先改好直股基本轨，使道岔至前后线路连接良好，尖轨跟端至护轨前端，可在两端与钢轨等距离的岔枕上拉线，改好方向。

连接部分：用长钢尺在直股钢轨上标上支距点，用支距尺改好导曲线上股，用轨距尺改好导曲线下股。然后，用轨距尺改好直股、尖轨跟端后做好轨距递减。

辙叉部分：辙叉趾端、跟端轨距，限制在 2 mm 内，改好查照间隔。

② 影响电务设备时，应通知电务部门配合作业。

(4) 技术要求。

① 道岔各部尺寸符合规定。

② 与改道有关的作业项目，应符合各项作业标准。

4) 更换尖轨

(1) 作业范围。

单根更换伤损及其他不良的尖轨。

(2) 作业程序。

① 检查换入尖轨的状态、尺寸，各螺栓孔位置、孔径，同时检查原有基本轨状态、尖轨跟端位置、滑床板变形情况，调查尖轨跟端基本轨前后轨缝，必要时先进行调整。

② 到车站办理封锁施工手续，确认作业时间，通知电务人员配合作业，按规定做好防护工作。

③ 卸下联结杆螺栓并除锈、涂油。

④ 拆卸轨撑、防爬卡铁、尖轨跟端接头螺栓和夹板，将卸下的螺栓带上螺母，放在轨枕面上。

⑤ 移出旧尖轨，清除滑床板污垢。

⑥ 移入新尖轨，摆正位置。

⑦ 安好尖轨跟端螺栓，上好夹板。

⑧ 安装联结杆，拧紧联结螺栓，插上开口销。

⑨ 检查各部尺寸和零件，整修不良之处。

⑩ 与有关人员共同检查、试验，确认状态良好，尺寸符合技术要求；通知车站，开通道岔，撤除防护设施，清理现场；将换下的旧尖轨和配件运至适当地点存放。

(3) 作业要求。

① 安装防爬卡铁、夹板，用螺栓将螺栓孔对齐串正。螺栓按涂油作业标准除锈、涂油。双头螺栓，插上开口销子。

② 基本轨和配件需要更换或整修时，应同时更换或整修。

③ 不准用锤直接锤打螺纹端。

(4) 技术要求。

① 尖轨无拱腰、无旁弯，竖切部分与基本轨全部密贴，补强板螺栓齐全，作用良好。

② 尖轨轨底与滑床板密贴，顶铁密靠轨腰。

③ 尖轨跟端错牙，正线、到发线道岔不超过 1 mm；其他线道岔不超过 2 mm。尖轨动程、各部分轨距及递减符合规定。

④ 滑床板与尖轨轨底间隔超过 2 mm 者，每侧不超过一块。

5) 整治尖轨与基本轨不密贴

(1) 作业范围。

① 尖轨竖切部分与基本轨不密贴，间隙超过 2 mm，需要调整。

② 由于整修、更换其他配件而引起尖轨与基本轨不密贴，需要整治。

（2）作业程序。

① 调查造成尖轨与基本轨不密贴的原因，制订整治计划。

② 根据作业计划，准备材料、工具。

③ 与车站联系，确认作业时间，设专人防护，按规定做好防护工作。

④ 根据制订的作业计划进行整治。

⑤ 作业结束后，全面检查，整治不良之处。

⑥ 会同有关人员共同检查试验，确认符合技术要求，通知车站开通道岔，撤除防护设施，清理现场。

（3）作业要求。

① 影响电务设备时，应通知电务部门配合作业。

② 整治方法。

在非电气集中道岔，联结杆尺寸、扳道器位置与尖轨尖端轨距不匹配时，尖轨左右动程不相同，所以，先改好尖轨尖端轨距，调整或更换第一联结杆，使尖轨动程符合技术要求；再起下固定扳道器的道钉，将扳道器的位置调整好，使尖轨左右动程一致，插道钉孔木片，用道钉将扳道器固定好。

顶铁长度不合适，按照更换顶铁作业标准更换顶铁。

在电气集中道岔，须与电务部门配合作业。

联结杆长度不合适造成的尖轨与基本轨不密贴，卸下接头铁与尖轨的联结螺栓，调整调整片，拧紧螺栓，如联接杆尺寸相差太大，应按相关标准更换联结杆拉杆。

尖轨爬行使顶铁不合适，造成尖轨与基本轨不密贴，可将尖轨调整到正确的位置，加强锁定。

尖轨跟端道床捣固不密实，过车时，发生尖轨与基本轨不密贴，按道岔起道和捣固作业标准进行捣固。

基本轨方向不好，须整治基本轨方向。

由于轨撑磨耗、螺栓松动、钉孔扩大，钢轨与轨撑离缝，造成尖轨与基本轨不密贴，须整修或更换轨撑、失效螺栓、道钉，整修道钉孔，使各部联结良好。

基本轨和尖轨飞边，造成尖轨与基本轨不密贴，须对钢轨飞边应进行打磨。

（4）技术要求。

① 尖轨顺直，竖切部分与基本轨全部密贴。

② 转辙部分各点轨距符合技术要求。

③ 尖轨位置正确，无爬行，不跳动。

④ 轨撑密靠，滑床板平直密贴。联结零件齐全，作用良好。

4. 道岔施工中的工、电配合

道岔是影响列车运行安全的关键设备，也是工、电、运各部门养护、维修、管理的结合部。其中工、电配合尤为重要，工、电部门应通过相互磋商，制定切实可行的施工配合方法，以下方案可供参考。

【示例 7】道岔工、电配合方法。

1）内容与适用范围

本办法规定了如下内容：

（1）道岔转撤部位技术标准；

（2）道岔日常检查办法；

（3）道岔工、电联检办法；

（4）道岔施工配合与协调办法。

本办法适用于城轨正线及站场所有道岔的维修协调管理。

2）道岔转撤部位技术标准

（1）工务标准。

① 几何尺寸。

道岔转撤部位几何尺寸容许偏差如表4－1所示。

表4－1 道岔转撤部位几何尺寸容许偏差

几何尺寸	部位	标准值	容许偏差	备注
轨距	尖轨尖	1 435 mm	+3 mm，－2 mm	递减率小于0.6%
	尖轨中	1 445 mm		
	尖轨跟	1 439 mm		
水平	—	—	4 mm	—
高低	—	—	4 mm	—
轨向	—	—	4 mm	—

② 其他。

a）尖轨尖端与基本轨应保持密贴；

b）尖轨顶面宽50 mm及以上断面处，尖轨顶面不得低于基本轨2 mm；

c）基本轨垂直磨耗小于6 mm；

d）尖轨第一拉杆处最小动程152 mm。

（2）电务标准（电务部门制定）。

3）道岔日常检查办法

（1）工务检查。

① 巡检。

a）检查频率为每周一、周五各检查一次；

b）检查内容：紧固件松动，铁垫板、滑床板断裂，轨枕、整体道床开裂及其他异常；

c）做好巡检记录。

② 月检。

a）检查频率为每月检查一次；

b）检查内容：除覆盖巡检内容以外，全面检测各部件的几何尺寸；

c）做好月检记录。

③ 年检（秋季设备大检查）。

年检与所在月份的月检结合进行。

（2）电务检查（由电务部门制定）。

4）道岔工、电联检办法

（1）联检频率。

每条运营正线末端折返道岔，每半月联检一次；正线其他道岔，每月联检一次；基地站线主要道岔，每月联检一次，次要道岔每两月联检一次。

（2）联检程序与内容。

第一步专业自检，分别由工、电双方人员各自按标准进行自检。

第二步专业联检，操动道岔尖轨。

专业联检分工如表4－2所示。

表4－2 专业联检分工

专业联检	静态	动态
工务检查	尖轨部位轨距	尖轨空吊情况
	尖轨密贴情况	尖轨上下跳动
	顶铁密贴情况	尖轨水平抖动
	尖轨动程	运行过程受阻
电务检查	（电务制定）	

第三步联检确认，通过联检，由双方人员对道岔状态进行确认，并填写联检记录。

在联检过程中所发现的问题，根据轻重缓急，由双方共同协商整改的日期，整改后在原记录表中注销。

5）道岔施工配合办法

（1）需申请配合的作业范围。

① 工务专业在进行下列作业时必须申请电务配合：

a）更换尖轨、基本轨、导曲线、岔心等主要构件；

b）更换胶垫、铁垫板、滑床板；

c）更换尖轨拉杆；

d）尖轨部位调整轨距及拉杆端部插片；

e）碎石道床道岔起、拨、改及更换岔枕作业。

② 电务专业在进行下列作业时必须申请工务配合。

a）日常养护维修配合。

凡属于养护维修范围内的作业，由双方工长提前一天以上进行配合事项协商。

b）抢修配合。

由于道岔突发性变化，必须进行抢修时，作业计划经工务部门批准后，由调度向电务部门传真施工配合联系单，其中包括作业项目、作业地点、道岔号、作业日期等，必要时由双方现场调查，确认配合事项。

工务在编制道岔作业计划时，除抢修以外，其余单项作业的安排都要充分考虑电务配合的时间余地。

电务部门在办妥落实事宜后，应在联系单上签注回复意见，电传工务调度。

施工配合手续办理完毕后，双方调度应将联系单复印件转技术部门备案。

一般情况下，施工配合联系单应提前两天以上办理，根据抢修的应急程度，急事急办。

(2) 施工过程中的配合。

① 施工前状态确认。

施工前由双方对设备几何状态进行检测，必要时操动道岔，对作业前尖轨运行状态进行确认，其结果作为施工后状态恢复校核的依据。

② 施工程序。

工务办理施工登记手续—撤除关联电务设备—拆除扣件—拆除伤损构件—安装新构件—安装扣件并初拧—安装电务设备—工电双方分别检测—联合调试—整改—确认—扣件回紧—旧料回收—收工前检查与记录—办理销点手续。

③ 质量回检。

施工后的道岔设备，即使质量完好，隔天仍然必须由双方进行回检，当施工质量存在问题时，其影响行车的主要问题必须在当天解决，次要问题可以通过协商，经列车压道后，次日整改。

任务 4.2　附属设备维护

【工作任务】

通过线路附属设施维护作业知识的学习，掌握以下能力：

(1) 了解并掌握线路附属设备维护工作内容；

(2) 能够进行附属设备的维护工作。

【相关配套知识】

1. 线路附属设备组成

线路附属设备是指不直接承担列车运营但附属于线路的相关设备，主要包括里程指示、标识标志、排水设备、道口及挡车器等。

1) 线路标志

线路标志主要包括公里标、半公里标、曲线标、圆曲线和缓和曲线始终点标、桥隧涵标、坡度标；还包括与工务有关的信号标志如警冲标、司机鸣笛标、减速地点标和作业标。

2）道口

道口是指轨道与公路的平面交叉，城市轨道交通在正线一般不设置道口。

3）挡车器

挡车器是设置在线路尽端，避免列车运行失控冲出线路的重要安全设施，挡车器根据其制动类型可分为以下五类：

（1）滑移式挡车器；

（2）固定式液压缓冲挡车器；

（3）滑移式液压缓冲挡车器；

（4）固定式挡车器；

（5）摩擦式挡车器。

2. 线路附属设备主要技术要求及维护工作内容

1）线路标志

（1）技术标准。

① 线路标志及信号标志的式样应符合相关标准的规定，并保持完整、位置正确、标志鲜明。

② 线路、信号标志设置的位置：

a）线路标志在单线上顺计算里程设于线路右侧，在双线上各设于本线列车运行方向右侧；

b）信号标志顺列车运行方向设于线路右侧；

c）各种标志（警冲标除外）应设在钢轨头部外侧不小于2 m处。不超过钢轨顶面的标志，可设在距钢轨头部外侧不小于1.35 m处；

d）警冲标设在会合线路两线间距为3.8 m的起点处中间，有曲线时，按限界加宽办法加宽；两线间距不足3.8 m时，应设在两线最大间距的起点处中间。

（2）维护工作内容。

① 标志标记的刷新（年度）。

② 补齐缺损标志标记（年度）。

2）道口

（1）技术标准。

① 道口采用钢制或混凝土制面板铺砌，材质及规格应符合设计要求，铺砌应平整稳固，护轨轮缘槽宽度，直线上应为70～100 mm，曲线内股应为90～100 mm，轮缘槽深度应为45～60 mm，护轨两端做成喇叭口，距护轨端300 mm处弯向线路中心，其终端距钢轨工作边不小于150 mm。

② 线路钢轨头部外侧50 mm范围内，道口铺面应低于轨面5 mm。

③ 在道口处的道路上应设置道口标志和护桩，道口标志设在通向道口、距道口最外股钢轨不小于5 m处的道路右侧，护桩设在道口附近的道路两侧。

（2）维护工作内容。

① 日常养护。

a）检查道口板及设备是否侵入限界；

b）道口轮缘槽的清理；

c）检查道口板、护轮轨是否损坏；

d）根据损耗情况更换道口板；

e）平交道口下沉的整治；

f）道口护木更换。

② 大、中修。

a）道口更换轨枕，清筛道床；

b）全面更换道口板；

c）整修道口下沉，抬高线路。

3）挡车器

（1）技术标准。

① 正线挡车器设计撞击速度为15～25 km/h，高架线及试车线挡车器设计撞击速度为25 km/h；停车场内挡车器设计撞击速度应不低于5 km/h。

② 制动减速度设计，重载，$a \leqslant 1.5\ \mathrm{m/s^2}$；空载，$a \leqslant (2.5 \sim 3)\ \mathrm{m/s^2}$。

③ 安装距离：在线路允许的前提下，挡车器的安装距离宜长不宜短，滑移式挡车器安装示意图如图4－1所示。

④ 有线路限制条件（如曲线）或者信号因素时，应综合考虑以上要素。

（2）维护工作内容。

① 滑移式挡车器（含滑移式液压缓冲挡车器）。

a）每半年对所有紧固件进行一次检查，及时拧紧已松动的螺栓；

b）每年将所有制动摩擦块的锁紧螺栓完全放松后，重新按预紧要求预紧一次；

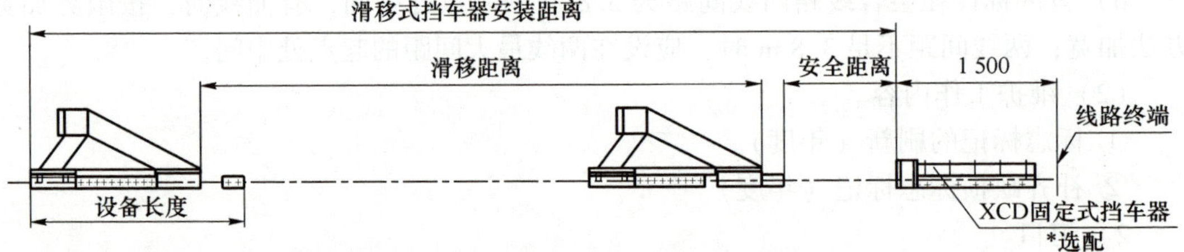

图4－1　滑移式挡车器安装示意图

c）在日常检查中及时清除挡车器滑移方向标准轨轨头部位上的油污及障碍物，如发现缓冲器漏油，应及时通报有关管理部门并通知生产商检查、更换；

d）在日常检查中若发现挡车器已移位，应及时通报有关管理部门并对被撞挡车器作全面检查，确保无零部件损坏后，方可重新安装使用。

② 固定式挡车器（含固定式液压缓冲挡车器）。

a）每年对所有紧固件进行一次检查，及时拧紧已松动的螺栓；

b）在日常检查中及时清除挡车器安装距离内标准轨上部的障碍物；

c）若固定式液压缓冲挡车器被撞击后，应对其做全面检查，确认无零部件损坏后，方可重新使用；

d）每次车辆撞击挡车器后，须对挡车器进行全面检查，更换所有受损的零件及紧固件，然后按照安装技术要求及调试方法重新安装；

e）在日常使用及检查中若发现下列情况应及时与制造商取得联系，以获取必要的帮助：

（a）液压缓冲器的液压油泄漏；

（b）固定式液压缓冲挡车器被撞击后不能自动复位。

③ 摩擦式挡车器。

a）每半年对所有紧固件进行一次检查，及时拧紧已松动的螺栓；

b）每年将所有制动摩擦块的锁紧螺栓完全放松后，按预紧要求重新预紧一次；

c）每次车辆撞击车轮挡后，须对挡车器进行全面检查，更换所有受损的零件及紧固件，并对其进行复位。

任务 4.3　接触轨作业

【工作任务】

通过接触轨作业知识的学习，掌握以下能力：

（1）了解接触轨系统；

（2）掌握接触轨系统主要部件维护的内容；

（3）了解接触轨检查规程。

【相关配套知识】

1. 接触轨系统

城市轨道交通接触轨系统，又称第三轨，简称三轨，是沿轨道线路敷设，通过集电靴与接触轨工作面接触而向列车输送电能的附加供电设备。接触轨安装在走行轨上，通常以轨道的形式存在，通过上部授流或下部授流等不同的形式向列车供电。上部授流式接触轨，轨体正放，车辆受流器通过与接触轨的上顶面接触获取电能，通常采用半开放式防护罩系统。下部授流式接触轨，轨体倒放，车辆受流器通过与接触轨的下方轨面接触获取电能，通常采用较为封闭的防护罩系统。

接触轨系统主要由以下几部分组成：接触轨轨体、接触轨绝缘支架或绝缘子、绝缘防护罩、端部弯头、鱼尾连接板、电缆连接板、膨胀接头、中心锚结等。

2. 接触轨系统主要部件维护的内容

1）接触轨绝缘支架或绝缘子

（1）保证绝缘子或绝缘支架完好，无损伤、无裂纹；

（2）保证联结零件齐全，并定期对螺栓外露部分进行涂油；

(3) 定期对绝缘支架或绝缘子进行清洁，保证良好的绝缘性能，且与接触轨本体间无卡滞现象。

2) 防护罩

(1) 保证防护罩联结零件紧固、齐全；

(2) 保证防护罩在长孔螺栓搭接位置正常伸缩；

(3) 保证防护罩表面平整、光洁，无毛刺、无裂缝；

(4) 保证防护罩安装位置正确。

3) 端部弯头

(1) 保持端部弯头表面清洁，无毛刺、无划痕、无腐蚀；

(2) 保证端部弯头安装位置正确，与绝缘支架间无卡滞，保持正常伸缩；

(3) 保证端部弯头与接触轨对接处密贴，受流面平顺；

(4) 测量端部弯头端部接触轨受流面至走行轨轨面的高度、接触轨受流面中心线至走行轨轨面中心线的距离，检查是否符合要求，不符合者需进行调整。

4) 膨胀接头

(1) 检查膨胀接头有无过热变色、烧伤；

(2) 检查膨胀接头伸缩位置螺栓紧固程度，有无松动痕迹；

(3) 定期对膨胀接头伸缩缝进行测量，根据温度变化情况进行计算分析，保证膨胀接头正常伸缩；

(4) 定期对膨胀接头部件进行拆解、清洁与润滑。

5) 中心锚结

(1) 检查中心锚结与接触轨的连接状态，检查紧固螺栓有无松动；

(2) 检查中心锚结处与整体绝缘支架间有无挤压、变形等现象；

(3) 检查底部绝缘支架有无拉偏现象。

6) 电缆连接板

(1) 保证电缆连接板与接触轨间连接良好，接触面涂抹电力导电复合脂；

(2) 保证电缆端子与电缆连接板连接紧固可靠，电气导通良好；

(3) 检查电缆接线端子的压接处有无松动或异常。

3. 接触轨检查规程

接触轨维护应包括正常巡检、经常检查、定期检查与特殊检查。

(1) 接触轨巡检内容主要包括接触轨、绝缘支撑及防护罩外形检查，观察有无裂纹、变形或变色严重现象；检查接触轨设备有无侵入限界，是否影响列车正常运行等。

(2) 接触轨经常检查内容包括：接触轨系统各部位螺栓有无松动及脱落，钢铝复合接触轨整体绝缘支架、防护罩等有无严重损坏；根据正确的线路位置检查接触轨几何尺寸状态。

(3) 接触轨定期检查必须根据接触轨系统各部件检查与维护周期对全部钢铝复合接触轨及其附属设备进行全面、细致的检查。通过检查掌握钢铝复合接触轨设备及其附属设备的运行状态，指导维修工作的开展。

(4) 对于接触轨严重故障情况、膨胀接头及中心锚结部位，除了进行经常检查外，

还应进行薄弱、重点部位及特殊气候环境下，设备运行情况的特殊检查。

接触轨大修验收标准如表4－3所示。

表4－3 接触轨大修验收标准

序号	项目	质量标准
1	轨距	接触轨的安装中心线至线路相邻走行轨内侧的距离为700 mm
2	水平	接触轨顶面至走行轨顶面的垂直距离为140 mm
3	弯头	（1）接触轨端部弯头距第一个绝缘子中心距离为550 mm； （2）端部弯头与接触轨对接处连接密贴，受流面过渡平顺； （3）端部弯头表面洁净，无毛刺、无污迹、无腐蚀、无变形； （4）联结零件齐全，连接牢固
4	瓷瓶	（1）瓷瓶电气性能和机械性能要符合设计要求； （2）瓷瓶牢固、无松动、位置正确、清洁
5	托架及防护木板	（1）托架顶端内侧面与相邻走行轨内侧面之间距离为608.5 mm； （2）托架顶端下面至相邻走行轨顶面的距离为300 mm； （3）防护木板内涂防火漆三遍，外涂防腐漆三遍；无腐蚀和虫眼； （4）安装位置正确、牢固，无损坏，各种联结螺栓齐全；
6	联结螺栓	（1）混凝土底座或槽钢底座，光滑平整，其强度满足设计要求，钢材要镀锌、防锈、埋设牢固； （2）地脚螺栓要有防锈设施
7	接触轨	（1）轨面平稳，直线顺直，曲线圆顺； （2）各种联结零件齐全、无失效； （3）焊接处要符合焊接要求；

【项目小结】

轨道线路设备维护作业是保持轨道稳定状态的重要维修活动，是实施轨道维护的关键作业，也是实现和保持轨道技术状态的作业活动。轨道线路设备维护作业可分为：道岔维护作业、附属设备维护作业、接触轨作业等。由于道岔的组成复杂、维护作业接口多，对道岔进行维护作业时要做好相关专业的配合工作。

【复习思考题】

(1) 叙述道岔常见病害的预防整治措施。

(2) 简单叙述工务、电务部门配合进行道岔施工的程序。

(3) 线路、信号标志设置的位置是怎样规定的?

(4) 简述线路标志的维护内容。

(5) 简述挡车器的维护内容。

(6) 简述接触轨作业的程序。

养路机械作业

【项目描述】

为保持轨道线路良好的几何形态，保证列车安全运行，为乘客提供平稳、舒适的乘坐环境，须使用养路机械进行相关作业。小型养路机械设备的普及和先进的大型养路机械设备投入使用，使得线路维修手段得到改进，维修养护作业效率明显提高，线路维修能力明显增强。轨道打磨车越来越多地运用于城市轨道的维护作业中，通过对轨面定期进行打磨维护、缺陷修复等作业，确保轨道技术状态良好。

【教学目标】

1. 能力目标

- 能运用小型、大型养路机械设备，开展相应的检测、维护工作；
- 能进行打磨机的简单维护；
- 了解大型养路机械的作业方法。

2. 知识目标

- 掌握小型养路机械作业的内容和方法；
- 了解大型养路机械作业的内容和方法；
- 掌握打磨机的作业程序。

3. 素质目标

- 养成全面考虑问题的习惯；
- 具备独立解决问题的能力；
- 养成分工协作的意识；
- 具备一定的协调组织能力。

相关案例

重庆轨道交通一号线钢轨打磨车作业

2015年12月，从美国引进的钢轨打磨列车首次在重庆轨道交通一号线打磨作业中使用。经预防性打磨的钢轨能延长3~5年的使用寿命，可减少钢轨接触疲劳伤损、降低线路养护成本和噪声，确保城市轨道交通列车运行更加安全、平稳、快捷，乘客乘坐城市轨道交通列车更加舒适。

任务5.1　小型养路机械作业

【工作任务】

通过小型养路机械作业知识的学习，掌握以下能力：

(1) 了解养路机械的分类和养路机械的组成；

(2) 掌握6种小型养路机械（液压捣固机，电镐，起、拨道机械，轨缝调整器，螺栓扳手，弯轨器）的相关知识。

【相关配套知识】

1. 养路机械

实现机械化养路，是提高城市轨道交通线路维修质量，提高劳动生产率，确保行车安全、正点，减轻工人劳动强度的一项重要措施。

1）养路机械的分类

养路机械有小型和大型之分。小型养路机械如小型电镐、捣固机、电动扳手、锯轨机、钻孔机、磨轨机、拉轨器等。大型养路机械如打磨车、铣磨车等。

养路机械的动力源有三种：内燃机、电动机、气动机。

2）养路机械的组成

(1) 动力装置。动力装置能产生一定的能量使机械动作，如柴油机、汽油机、电动机、空气压缩机等。

(2) 传动装置。传动装置是将动力传递到一定位置的中间装置，如机械传动（皮带传动、齿轮传动、链传动等）和液压传动等。

(3) 工作部件。直接进行作业的部分称工作部件，如捣固机的镐头、锯轨机的锯弓等。

（4）走行装置。养路机械的走行装置包括走行轮、转向架等。

（5）支架。支架是整个机械的支承部分。

（6）操纵装置。简单的操纵装置是一些操纵手把，比较复杂的操作装置是电气集中、程序控制及全自动的操作系统，包括反映线路状态的各种检测设备、仪表和视频监视设备等。

2. 液压捣固机的介绍

1）液压捣固机概述

我国最早制成的液压捣固机是 YD－1 型，它以内燃机为动力，利用偏心块振动，产生一定的振动力，利用液压传动镐头插入道床并夹实道砟，以此完成捣固作业。后来相关厂家又试制了 YD－2 型、YD－3 型单升降油缸的液压捣固机，它们具有结构简单，维修组装方便等优点，但这些机型的自重都在 450 kg 以上，在线路维修作业时，上下道很不方便。为此相关厂家试制了 XYD－1、XYD－2 型小型掖压捣固机。

2）液压捣固机的主要技术性能

虽然液压捣固机机型较多，但它们的工作原理基本上是相同的，其主要技术性能也相差不大，主要技术指标如下：

（1）内燃机功率 4～7.5 kW；

（2）振动频率：67 Hz；

（3）振动力：1 500～2 000 kg；

（4）捣固深度：轨枕下 80～100 mm；

（5）捣固宽度：钢轨两侧 400～450 mm；

（6）下插力：1 000～1 500 kg；

（7）夹实力：2×6.73～2×8.2 kN。

3）液压捣固机的优缺点

（1）优点：

① 液压捣固机振动力大，并能夹实道砟，因此捣固质量高；

② 液压传动比机械传动结构简单，重量较机械传动轻；

③ 液压传动的部件多数是软管连接，其相对位置可以随意改变，因此结构紧凑；

④ 液压系统设有过载保护装置，能避免机械损坏，运动平稳；

⑤ 无须扒砟回填，可节省人力，减轻劳动强度，提高劳动生产率；

⑥ 液压油能传递动力，又能自行润滑，相对运动面磨损少，使一些机械部件能长久使用。

（2）缺点：

① 液压捣固机的油缸、操纵阀、油泵等部件制造精度高；

② 管道接头密封要求严，否则在振动作用下易泄漏，影响工作效率；

③ 液压捣固机自重较大，上、下道不方便，搬移困难。

3. 电镐

电镐是振动式捣固机的一种，也是目前最广泛使用的捣固机械。电镐的类型较多，但其构造和工作原理基本上是相同的。

电镐主要由三大部分构成，即镐柄、振动电机及镐板。其中振动电机是电镐的主要工作部分，其构造大体上与一个普通的三相异步电机相同，不同的是在电动机轴安装有偏心块。当接通电源后，偏心块随转子一起转动，产生了离心力，由于离心力周期性地变化方向，从而产生强烈的振动，该振动通过滚动轴承传给电机的机体，机体又传给镐板和镐头，当镐头插入道床后。振动力又传给了石砟，道砟便紧密地排列起来，达到密实程度的要求。

电镐操作时灵活性好，下道快，但工人劳动强度大，捣固质量也不易均衡。为了改善劳动条件，提高作业质量和加快作业进度，现在使用的捣固机都安装了捣固架，将电镐悬吊在架子上以方便操作。

4. 起、拨道机械

用于线路维修的起、拨道机械，常因作业场地不断变动而需要经常搬动，因此要求起、拨道机械小巧轻便，省力耐用。手提式液压起、拨道器就是一种新型的小型机械。

手提式液压起、拨道器主要由底板、油箱及油泵、油缸、机身等部件组成。

起道时，先将该机平稳地放置在钢轨底下，把齿条上提，使齿条的勾轨部位与钢轨底密贴，然后压动扣杆，使柱塞油泵工作，借助高压油驱动油缸抬起轨道至所需高度；作业完毕，打开回油开关，使油缸内的高压油泄回油箱，即可操作扳手，降下齿条，将机器从轨底取出。同时关闭回抽阀，以便下次使用。

5. 轨缝调整器

钢轨接头的间隙（即轨缝）由于受到车动载及温度的影响，其大小经常发生变化，为保证运营安全，必须使轨缝符合规定的要求，所以常常要求串轨，可用轨缝调整器来完成此项工作。

下面以 SY－1 型轨缝调整器为例，将它的工作原理，使用方法及注意事项进行简单介绍。

1）工作原理

带有安全装置的 SY－1 型轨缝调整器是按帕斯卡原理工作的，当摇动操作杆时，泵做往复运动，泵内形成负压状态，油箱中液压油吸入泵内，在注塞压力作用下，液压油通过单向阀，经油路进入工作缸，将泵中同等压强传递给工作缸，推动活塞位移，联动前后斜铁座及两对斜铁背向推移，两对斜铁分别卡紧在两根钢轨接头处的两侧面，使钢轨串动。

2）使用方法

手握拨杆横梁将 SY－1 型轨缝调整器置于单根钢轨的顶面上，抬起拨杆，SY－1 型拨动斜铁外移，走行轮随杠杆下降压在钢轨顶面上，SY－1 型轨缝调整器被撑起，这样就可使 SY－1 型轨缝调整器沿钢轨走行，到达需要串动处。

串轨工作时，压下拨杆，拨动斜铁沿斜槽向内移动，斜铁牙面间距逐渐缩小，安装在走行机构上的杠杆及走行轨，随联动机构上抬，机体下降，斜铁座下槽顶面落在钢轨顶面上，旋紧回油控制阀（右旋），摇动柱塞泵杆，这时注塞泵做往复运动，将油压入工作缸，工作缸活塞伸出，当伸出到 20～40 mm 后，压紧斜铁，各斜铁分别卡住两头的

侧面，然后继续压泵，钢轨接头的缝隙便可渐渐加大，轨缝达到要求的尺寸后，停止压泵，左旋回油控制阀半周，工作缸复位，抬起拨杆，放松斜铁，串轨工作完毕。

3）使用注意事项

（1）在斜铁尚未卡紧轨头之前，须先将工作缸活塞空载压20～40 mm，然后将斜铁卡紧轨头开始工作，以避免工作中受压的斜铁咬死在轨头上，工作缸复位时无伸缩的余地，造成工作缸顶住斜铁，使斜铁难以脱落。

（2）轨缝调整器上的安全控制阀，出厂时已调到最高压力，因此不能随意进行调整，使用前须进行校验，以保证安全使用。

（3）使用、保管SY－1型轨缝调整器时，应防止冲击、碰撞，工作中摇动摇杆不可用力过猛。

（4）使用的液压油要先过滤。

（5）SY－1型轨缝调整器的安全装置是在紧急情况下使用的。

6. 螺栓扳手

为防止线路爬行，保养好扣件螺栓，在钢轨混凝土轨枕地段根据线路维修作业的要求，松紧螺栓时应采用机械螺栓扳手，规定螺栓拧紧之后的扭力矩达到100 N·m以上。目前使用的机械螺栓扳手有双头螺栓扳手和单头螺栓扳手两种。双头螺栓扳手有BS－1型内燃螺栓扳手和BS－2型电动螺栓扳手。

1）双头螺栓扳手

双头螺栓扳手通过传动装置而使左轴旋转，主轴下降，使套筒套住螺母，并操作牙嵌式离合器，即可将螺母松动或拧紧。牙嵌式离合器有正转、反转、空挡三个位置。由于拧紧螺母后扭力矩要达到100 N·m以上，同时拧紧后不再拧，因此安装有齿形弹簧离合器。调整螺母的松或紧，即可调整弹簧力，也就是调整扭力矩的大小。在拧紧螺母时上下结合块受弹簧压缩力的作用而结合，拧紧螺母后，扭力矩达到或超过规定值，使上结合块沿斜面滑动上升，上下结合块脱离，套筒也就不转了。

2）单头螺栓扳手

单头螺栓扳手是冲击式的，具有体积小，质量轻，所需功率小等优点。

单头螺栓扳手主要由电机、变速机构及工作头三部分组成。其中变速机采用行星齿轮变速机构。工作头主要由冲击机构，被动冲击块，套筒组成。

当电机旋转，行星齿轮变速机构带动主动轴回转。主动轴上有人字形的凹槽并通过钢珠与主动冲击块相连，当套筒阻力不大时（即螺母未拧紧时），从动冲击块与主动冲击块作为一个整体面旋转；当套筒已有螺母拧紧不能继续旋转时，主动冲击块在主轴作用下离开从动冲击块，并在钢珠作用下，主动冲击块将冲击能量传至从动冲击块，冲击几次后，即可把螺母拧紧。转换电机方向，则可松开螺母。

使用螺栓扳手应注意在变换工作方向时，必须先切断电源。遇到锈蚀、变形严重的螺母，应先排除螺母故障后，再使用螺栓扳手。

7. 弯轨器

弯轨器是养护及大修时调整钢轨的作业机具，有机械弯轨器和液压弯轨器两种。机械弯轨器是利用螺母、丝杆传动，结构简单，但操作者用力大，机具笨重。液压弯轨器，机体轻，操作方便，制造复杂，造价较高。

液压弯轨器有单面和双面之分；液压弯轨器的结构主要由油压传动系统（油箱及油压缸）和调直弯臂两部分组成。油箱内装有两对柱塞式油泵、单向阀及回油阀体。油压缸内装有高压耐油橡皮碗、平垫及压缩弹簧。液压双面直轨器主要由直轨框架、双柱塞手摇油泵，油缸工作头及油缸安装插板等部件组成。

液压弯轨器的工作原理是用两对柱塞泵及一个油压缸作推力，缸内装有弹簧。油缸产生推力，紧顶弯臂使钢轨弯曲。回油时松开回油杆，依靠压缩弹簧使活塞杆恢复到起始位置，达到回油目的。

操作液压双面直轨器时，用手泵摇动油泵，以框架前后两个端点为支点，以油缸动力头顶动钢轨来完成直轨工作。

任务 5.2　大型养路机械作业

【工作任务】

通过大型养路机械作业知识的学习，掌握以下能力：

（1）了解大型养路机械线路维修作业的内容；

（2）能进行大型养路机械线路维修作业。

【相关配套知识】

1. 作业内容

大型养路机械线路维修作业的主要内容包括起道、拨道、捣固、砟肩夯拍、轨道稳定、道床配砟与整形，以及钢轨打磨。

2. 一般作业要求

（1）大型机械维修作业必须利用城市轨道交通停运时间进行，封锁时间一般每次不少于 3 h，线路开通后的整理作业若有碍行车安全，可办理慢行手续。

（2）大型养路机械每日作业长度不得超过 1 区间。

（3）捣固作业时应设置不少于 10 mm 的基本起道量。当起道量为 10 ~ 50 mm 时捣固一遍，起道量超过 50 mm 时捣固两遍，接头处应增加捣固遍数。

（4）在需要变更曲线超高地段，当里股起道量大于 20 mm 时，应分两次进行起道。

（5）线路方向的整正可采用四点近似法，进行自动拨道或查表输入修正值后手动拨道。当线路每隔 2. 5 m 有准确的拨道量时，可精确定位进行拨道。在长大直线地段，应采用激光准直系统进行拨道。

（6）一次最大拨道量应遵循表 5 - 1 所示的规定。

表5－1 一次最大拨道量规定

曲线半径 R /m	圆曲线正矢连续差/mm	圆曲线正矢最大最小差值/mm	一次最大拨道量/mm	
			四点式	三点式
$R\leqslant250$	14	21	84	43
$251\leqslant R\leqslant350$	12	18	72	36
$351\leqslant R\leqslant450$	10	15	60	30
$451\leqslant R\leqslant650$	8	12	48	24
$R\geqslant651$	6	9	36	18

（7）对拨道量大于一次最大拨道量的地段应分多次拨道。

（8）捣固作业结束前，应在作业终点划上标记，并以不大于2.5‰的坡度递减顺坡，达到安全放行列车要求。一般情况下，不在圆曲线上顺坡，严禁在缓和曲线上顺坡。

（9）在有砟桥上，枕下道砟厚度不足150 mm时不能进行捣固作业。

（10）线路道床严重板结地段（一次下插镐头不能进入枕底面以下可视为严重板结道床），禁止使用大型养路机械进行捣固作业。

（11）站区内作业，线路起道后的钢轨顶面至接触网距离不得小于5 700 mm。

（12）在桥梁及线路水平严重不良地段禁止进行稳定作业。

3. 无缝线路地段维修作业要求

（1）安排无缝线路地段进行大型机械维修作业时应避开高温时间。

（2）施工前，各工区应把线路状态调整到规定的技术状态，并备足道砟，调直钢轨，拧紧螺栓，使钢轨接头螺栓扭紧力矩达到900 N·m，扣件螺栓扭紧力矩达到80～120 N·m。

（3）作业时应指派专人在施工地段测量轨温，在实际锁定轨温增减10 ℃范围内允许作业。木枕无缝线路和半径小于800 m的曲线地段，作业轨温的上、下限再缩小5 ℃。

（4）捣固车、稳定车、配砟整形车应紧密配合，形成流水作业，确保作业后的线路迅速得到稳定。

（5）为保证作业安全和作业质量，起道量一次不宜超过50 mm，拨道量一次不宜超过80 mm。作业后，直线地段道床肩宽应不小于400 mm，曲线地段应按标准加宽。

（6）作业中，机组人员应随时监测线路变化，发现涨轨迹象，要立即停止作业，由工务段迅速组织抢修队伍进行处理，并使大型养路机械安全退出涨股现场。

（7）作业后三日内安排巡检人员巡回检查线路状况，发现涨轨预兆及时处理。

4. 维修施工组织

（1）大型养路机械维修队至少由一个机组（捣固车2台、动力稳定车1台、配砟整形车1台）和一定数量的大型养路机械附属车辆组成。

（2）机组各车型的人员配备为：捣固车司机长、司机等共5人，动力稳定车司机长、司机等共3人；配砟整形车司机长、司机等共3人。

（3）大型机械维修队设置如下管理人员：队长1人、副队长1人、管理人员1人、机电工程师或技师2人、驻站值班联络员1人，材料工1人，还应设后勤、服务等人员若干人。

5. 施工前的准备及配合工作

（1）大型养路机械施工涉及工务、信号、供电、站务、乘务控制中心（operation control center，OCC）等有关部门，因此施工前相关部门应组织召开施工协调会议，统一安排施工配合、行车组织及后勤保障等具体事宜。

（2）工务须在作业地段提前补充和均匀石砟、调整轨缝、调直钢轨和拧紧扣件，并进行线路标记和测量，提供作业地段的里程、坡度、曲线要素等线路平、纵断面资料和线路起、拨道量资料。

（3）信号专业需派专人负责提前处理钢轨接头处的连接线，以及其他妨碍作业的设施。

（4）供电专业需派人负责提前处理接触网接地线，使其紧靠轨枕一侧，并根据工务段测定的起道量和拨道量，调整接触网高度及拉出值。

（5）乘务控制中心需提前安排好作业区段的大型养路机械的停留车站及停留线，组织好大型养路机械站内调车编组工作，并确保大型养路机械及时进入封锁区间作业。封锁时间结束后，有关车站及时与行车调度联系，尽快使大型养路机械返回停留车站进行机械保养。

（6）大型机械施工队在施工作业前应维护好大型养路机械，使其保持良好的技术状态。夜间施工作业，需配备状态良好的照明设备。

（7）工务部门拆除影响大型养路机械作业的线路设施和障碍物，如测爬桩、曲线桩、道口报警器、红外线测速传感器、急救夹板、木撑、石撑、防爬器、有砟桥护轨等。轨距拉杆应串移，紧靠一侧轨枕，使枕木间捣固净空范围不小于200 mm，对不能拆除的障碍物，应在线路上做好醒目标记。

（8）对大型养路机械作业的道口，须拆除道口板、护轮轨、护木，以及中心线两侧3.5 m范围内妨碍机械作业的一切设施。轨枕间隔必须符合标准。

6. 封锁施工

（1）施工作业令由工务部门负责申请，封锁命令下达后，大型养路机械应连挂进入封锁区间。

（2）大型养路机械在封锁区间内作业时，各机械间的间隔不得小于10 m。

（3）捣固车的捣固速度不得超过20次/min，动力稳定车的作业速度应控制在1～2.5 km/h，配砟整形车的作业速度应控制在2～5 km/h。

（4）在线间距不足4.5 m的复线区段作业时，禁止使用邻线侧的侧犁。

（5）在封锁施工“天窗”内，以大型养路机械作业为主，其他作业应不予安排。

（6）作业过程中，操作作业机械的人员应和地面人员保持联系，密切配合，确保施工顺利进行。

（7）每次施工作业结束前，信号专业人员应整理好钢轨接头连接线。

（8）大型养路机械作业后，采用轨检车或大型养路机械轨道测量记录仪进行检查，线路质量达到维修标准后，工务部门质量检查监督人员方可验收，并办理验收交接手续，填写《大型养路机械维修日作业验收单》。

任务5.3 打磨车作业

【工作任务】

通过打磨车作业知识的学习，掌握以下能力：

(1) 了解钢轨打磨安全规则；

(2) 掌握钢轨打磨作业标准；

(3) 掌握钢轨质量验收标准；

(4) 了解钢轨过度打磨的应急处置预案。

【相关配套知识】

1. 钢轨打磨安全规则

1）打磨作业前

(1) 施工负责人对施工地段的线路设备状态应做好全面检查，掌握预打磨线路技术资料，并制定出相应的安全措施及注意事项，下达操作人员执行。

(2) 检查现场其他专业设备情况，明确是否需要其他专业配合事宜。

(3) 钢轨打磨车必须备有灭火器具，灭火器要置于车上明显位置并取用方便。

(4) 打磨操作人员必须由培训合格的人员担任。

(5) 作业前，需对打磨小车、打磨单元进行性能测试。

2）打磨作业中

(1) 操作人员在车内禁止吸烟。

(2) 上、下车的场所应选择在平整、畅通和明亮的地点。

(3) 打磨车行走作业中，应随时注意打磨车进路上有无人员或障碍物，遇有危及安全的情况，应立即采取有效的安全措施。

(4) 打磨车作业时，打磨车下所有人员均应处在安全位置，不得在车辆走行线上站立、行走。若因工作需要，必须跨越线路或在线路中行走时，必须注意车辆动态，确认无车辆移动。

(5) 打磨作业中有火花喷射，周围人员要注意保持安全距离。

(6) 打磨作业中，安全监护人员进行防火监护，发现火情要及时处理。

(7) 打磨作业中，车上人员应密切监视打磨区段，发现问题要及时处理，例如遇到大风天气和可能发生火灾的情况，须停止作业。

(8) 在打磨作业中要确保全过程的水打磨，作业前对作业区段进行喷水处理，预防火情，打磨时仔细观察。

(9) 上、下车时，应注意确认车辆的脚蹬、车梯及扶手的状况，必须踩稳扶牢；禁止未停稳上、下车。

（10）必须将全部灭火触发装置开锁。

（11）打磨过程中，适时对已打磨钢轨进行检查，及时调整打磨方案，避免过度打磨。

3）打磨作业后

（1）打磨作业结束后，负责对现场进行人员、工器具、垃圾的清理和线路回检工作，及时处理可能造成的隐患，以确保当日的安全运营。

（2）对打磨后的钢轨进行检查，确保钢轨经打磨后处于良好状态。

（3）打磨作业结束后，需对现场进行清场。

（4）定期对打磨单元进行标定，防止因磨石角度或位移失准，造成钢轨损伤。

（5）定期清理车下隔板上的金属粉尘，防止金属粉尘遗落线路中。

2. 钢轨打磨作业标准

（1）钢轨波浪形磨耗达到表 5 – 2 所示条件时，需及时对其进行预防性打磨。

表 5 – 2　预防性打磨整治标准

钢轨病害	伤损程度	测量方法	制定依据
波浪形磨耗	波深接近 0.3 mm	平直度检查仪或1 m钢直尺配以塞尺	暂定标准

（2）钢轨波浪形磨耗达到表 5 – 3 所示条件时，需及时对其进行修理性打磨。

表 5 – 3　修理性打磨整治标准

钢轨病害	伤损程度	测量方法	制定依据
波浪形磨耗	接近轻伤	平直度检查仪或 1 m 钢直尺配以塞尺	《铁路线路修理规则》

修理性打磨整治标准依据《铁路线路修理规则》制定，波浪形磨耗轻伤标准为：波深大于 0.5 mm。

3. 钢轨质量验收标准

（1）打磨完成后，须按表 5 – 4 所示的钢轨质量验收标准进行质量验收。

表 5 – 4　钢轨质量验收标准

打磨前谷深	打磨后谷深	测量方法	制定依据
$h \leqslant 0.5$ mm	<0.2 mm	平直度检查仪或 1 m 钢直尺配以塞尺	《铁路线路修理规则》
0.5 mm < h < 1.0 mm	≤0.5 mm（优良 0.3 mm）		
1.0 mm ≤ h ≤ 1.5 mm	≤0.7 mm（优良 0.5 mm）		
h > 1.5 mm	≤1.0 mm		

在每个质量等级内，允许 10% 的轨节波磨点剩余量超过上述规定标准。

（2）打磨限度控制标准。

经打磨后的钢轨需满足一定的强度，打磨后钢轨打磨量与钢轨原始磨耗量之和不许超过钢轨头部重伤标准，钢轨打磨限度标准如表 5 – 5 所示。

表 5-5　钢轨打磨限度标准

钢轨类型	a/mm	b/mm
50 kg/m	10	17
60 kg/m	11	19

表中：a——钢轨原始垂直磨耗量 + 钢轨轨面打磨量；

b——钢轨原始侧面磨耗量 + 钢轨侧面打磨量。

4. 钢轨过度打磨的应急处置预案

1）钢轨过度打磨现场处置方案

（1）事故特征。

钢轨经打磨后，钢轨断面或母材强度不能满足安全行车要求。

（2）应急组织及职责。

组长：工务室主任。

组长职责：负责协助现场指挥开展救援工作，指挥应急救援队开展抢险工作，并负责传达抢险工作安排。

副组长：线路负责人、委外单位抢险队负责人。

副组长职责：负责协助组长指挥抢险人员开展抢险工作，并进行抢险人员调配。

组员：轨道技术管理和抢险队人员。

组员职责：查看现场情况，及时向现场指挥报告情况，并听从现场指挥合理的抢险工作安排。

（3）应急处置程序。

① 行车调度或综合调度通知工务维修调度发生钢轨过度打磨事件，工务维修调度应询问钢轨过度打磨的基本情况，包括事件发生位置、钢轨过度打磨的影响等。

② 工务维修调度应先联系就近工区值班人员赶赴事件现场，并携带抢险必备工器具。

③ 工务维修调度通知工务抢险队伍（委外）和工务室主任、线路负责人。工务室主任、线路负责人应立即组织室内可调配人员赶赴现场。

④ 抢险人员达到现场后，抢险队负责人立即向现场指挥报告，说明所到人数和所携带工器具情况。

⑤ 听从现场指挥合理的工作安排，开展抢险工作。

⑥ 查看现场情况，根据钢轨过度打磨严重程度，向现场指挥提出合理化建议。

⑦ 应急处置完成后，及时向现场指挥汇报情况，现场指挥将处置情况向行车调度或综合调度汇报。

⑧ 应急处置措施。

a）当钢轨磨损超过轻伤标准，接近重伤标准时，应立即进行紧急处理，在钢轨磨损处上好夹板或臌包夹板，用急救器固定。当钢轨磨损位置为钢轨工作边处时，列车限速 15～25 km/h，当钢轨磨损位置在轨面或非工作边时，可适当提高行车速度。有条件时可在钢轨磨损位置钻孔，上好夹板或臌包夹板，拧紧接头螺栓，然后可适当提高行车速度。

b）当钢轨磨损超过重伤标准，且线路为普通线路时，应立即更换单根钢轨；当线路为无缝线路时，应切除伤损部分，两锯口间插入长度不短于7 m的同型钢轨，轨端钻孔，安装接头夹板，用10.9级螺栓拧紧。在短轨前后各50 m范围内，拧紧扣件后，按正常速度放行列车。

c）凡有限速行车要求，由线路维护单位调度值班室通知行车管理部的控制中心。

工务抢险流程图如图5－1所示。

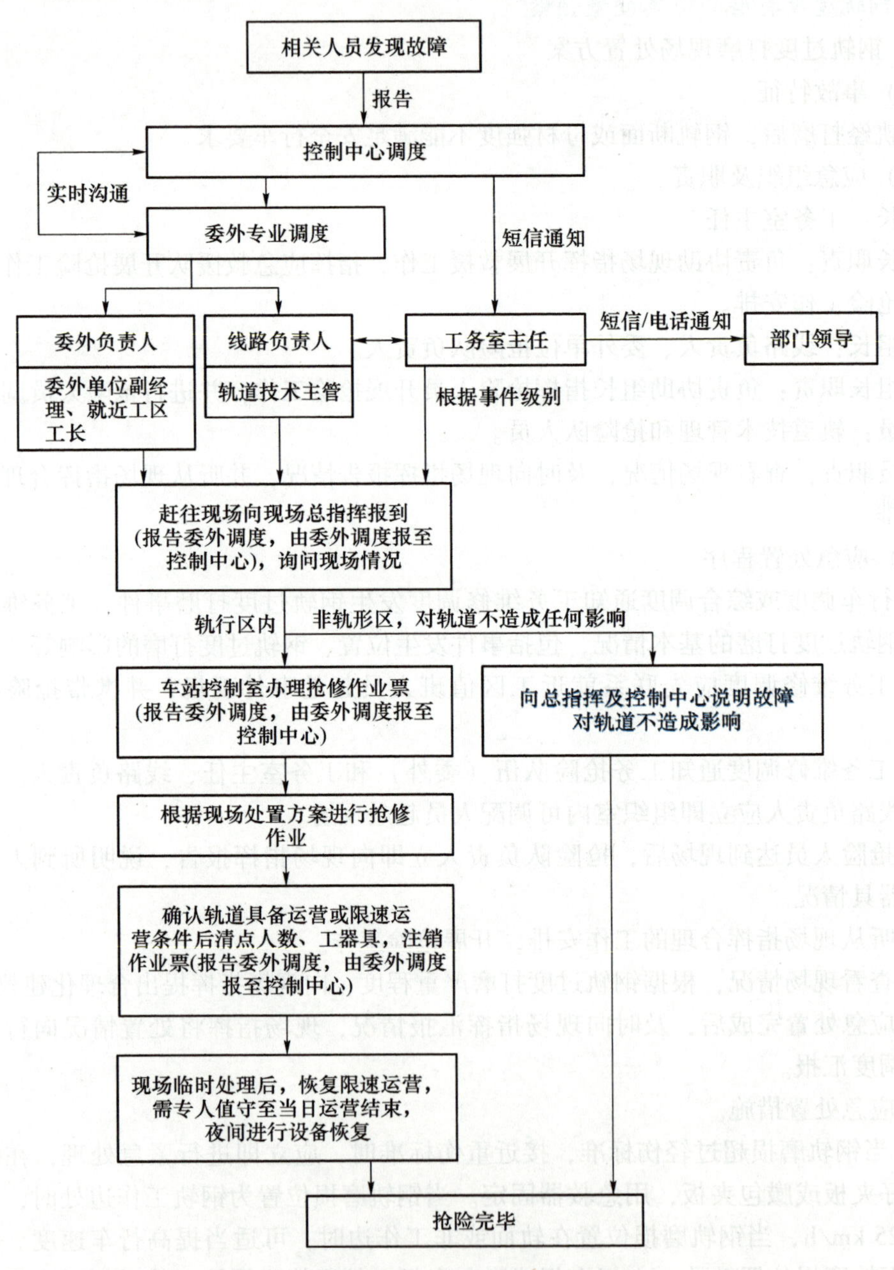

图5－1 工务抢险流程图

2）注意事项

故障应急处理时，现场人员必须穿绝缘鞋、荧光背心，戴安全帽、绝缘手套等劳动防护用品，确保自身安全。故障处理必备工器具表如表5－6所示。

表5－6 故障处理必备工器具表

序号	器材名称	数量	存放位置	管理负责人	联系方式
1	鼓包鱼尾板	1对	各工区	工区工长	
2	急救器（含铁丝）	3个	各工区	工区工长	
3	平直鱼尾板	2对	各工区	工区工长	
4	鱼尾螺栓	12个	各工区	工区工长	
5	锯轨机（含锯片）	1台	各工区	工区工长	
6	钻孔机（含钻头）	1台	各工区	工区工长	
7	30 m钢尺	1把	各工区	工区工长	
8	单口扳手	8把	各工区	工区工长	
9	活口扳手	2把	各工区	工区工长	
10	道尺	1把	各工区	工区工长	
11	撬棍	2把	各工区	工区工长	
12	扁担、卡子	6套	各工区	工区工长	
13	压机	1台	各工区	工区工长	
14	钳子	1把	各工区	工区工长	
15	验电器、地线	1套	各工区	工区工长	
16	手电筒	4个	各工区	工区工长	
17	记录本、石笔	1套	各工区	工区工长	

3）钢轨过度打磨预防措施

（1）打磨作业前对预打磨线路钢轨磨耗情况及线路情况进行勘查，确定打磨模式、打磨方案，确保有计划地开展打磨作业。

（2）打磨作业前对预打磨线路做好打磨起止点标记。

（3）打磨期间，每进行两次打磨后，对现场钢轨打磨情况进行检查，明确剩余打磨量，防止过度打磨。

【项目小结】

使用养路机械进行维护作业是工务作业的发展趋势。使用机械进行线路维护作业要制订好作业计划，安排好相关的配合作业，以确保机械作业的顺利进行。

【复习思考题】

(1) 液压油的使用有哪些具体要求？
(2) 简述力、转矩、功率三者的关系。
(3) 使用轨缝调整器时，应注意哪些方面？
(4) 养路机械主要由哪几部分组成？
(5) 电镐由几部分组成？
(6) 简述打磨机预防性打磨标准。
(7) 简述打磨机修理性打磨标准。
(8) 简述打磨机打磨注意事项。

项目6

巡检

【项目描述】

巡检是为了及时了解和掌握轨道设施的状态情况及变化程度，确保列车安全、平稳地运行，保证轨道交通的正常运营而进行的快速检查。巡检以状态变化较快或直接影响列车安全的部位为检查重点。

在检查结果的基础上，根据状态评定标准对设施实际状态进行评定，评定结果作为维修决策的依据。

【教学目标】

1. 能力目标

- 能根据轨道设备的状态判断线路基本病害；
- 能够在检查中发现问题并及时解决突发事件。

2. 知识目标

- 能掌握轨道线路巡检知识、巡检工作要求等；
- 熟悉轨道线路及设备的重点巡查项目；
- 掌握巡检过程中的走行规定和注意事项。

3. 素质目标

- 养成全面考虑问题的习惯；
- 树立责任意识；
- 具备一定的协调组织能力。

任务 6.1 线路巡道

【工作任务】

通过线路巡检知识的学习，具备承担以下工作任务的能力：

(1) 根据线路巡道工的工作要求，熟悉有关规章制度及线路业务；

(2) 会检查并能及时发现线路、道岔、路基等的病害。能处理线路设备常见故障和突发事件；

(3) 会检查钢轨，能监视轻伤轨件和辙叉的变化情况；

(4) 会小修补工作中的各项作业操作。

巡道工作直接关系到第二天运营的安全，因此巡道工的责任重大。巡道工必须具有高度的责任心，在工作中应做到：一看二敲慢巡视，处理故障要及时，关键部位认真检查，一丝不苟尽职尽责。

【相关配套知识】

1. 巡道工基本知识

巡道工是城市轨道交通运营线路上的哨兵，其主要职责是：巡查线路和接触轨，处理故障，做好小补修，保持线路状态完好、外观整洁，保证行车安全。为了做好巡道工作，巡道工应具有高度的责任心，熟悉各项巡查业务技能，严格按照工务业务规定巡查线路和接触轨。

巡道工在发现线路故障时，一人能消除的，应立即消除；一人消除不了的，应立即报告班长或队调度。如果故障危及行车安全，应马上通知段调度，积极采取措施，进行处理，巡道人员必须在抢修人员到达故障地点后向他们交代清楚故障情况。

为了及时发现故障、排除故障和保证行车安全，巡道工应认真学习城市轨道交通相关技术管理规程，以及城市轨道交通工务规则中的有关规定。

2. 巡道工制度

巡道工要热爱本职工作，听从指挥，加强责任心，自觉遵守纪律，严格执行下列制度：

1）登记制度

工作前应到车站值班室登记，并向队调度报到，巡检后亦应到车站值班室登记，并记录巡检情况。

2）汇报制度

巡查时如发现危及行车安全的故障和其他情况，除及时处理和防护外，还应准确无误地向队调度汇报。如有重大问题应及时向段调度汇报，待问题处理后，方可离开。

3）工作制度

（1）遵守劳动纪律，按时上道，不无故缺勤，上班前不饮酒。

（2）巡道时，按巡道图进行巡道，集中精力，详细检查，不擅自脱岗。上班前应充分休息。

3. 线路巡查

巡道工要做好线路巡查，首先要熟悉管段内轨道设备情况，掌握它们的特点和病害变化规律。哪里容易出现毛病，容易出什么毛病，都要心中有数，这样才能做到巡查时及时发现问题、解决问题。

1）巡道工作业内容及要求

（1）巡道工必须熟悉本工区管内线路、道岔、接触轨等设施、设备的状况，加强对重点部位的检查。地面线还应根据季节特点确定巡查重点。

（2）必须按“巡道工巡检图”规定的线路和时间进行徒步巡检作业。两人作业的间距应保持在200 m以内，并坚持在车站见面，保持相互联系，一旦发现问题便于共同处理。

（3）巡道作业中要认真检查线路、道岔、接触轨等设备的运行状态，检查线路、道岔、接触轨等设备上所有联结零件的状态。并检查线路周围放置的设备、机械、工具和材料等物品是否侵入限界。

（4）每班巡道工对走行轨及接触轨设备的状态进行细致检查。

（5）随身携带信息钮识读器，信息钮识读器必须本人使用和保管。巡检到有信息钮的地方时，用信息钮识读器进行采集作业。

（6）巡道工作业时应注意线路上有无轨道车辆行驶，注意防护，发现来车及时下道避车。

2）重点巡查项目

城市轨道交通线路巡查分为两部分，一部分是地面巡查，另一部分是在隧道内巡查。地面巡查要根据季节变化找出规律。例如，车场道岔比较多，冬、夏两季气温变化大，线路容易爬行，设备容易损坏，道岔道钉易松动，接触轨瓷瓶容易拉断。隧道内绝大部分是整体道床，刚性大，扣板容易断裂，道岔又是轨道的薄弱环节，螺栓受力大，易拉断。巡道工根据这些规律，找出自己管段内的巡查重点。

（1）走行轨检查的主要内容。

① 要注重钢轨、夹板、扣件状态的检查。

② 检查已有伤损标记处的伤轨有无变化。

③ 钢轨接头夹板是否有裂纹或折断，夹板螺栓是否松动。

④ 钢轨扣件尤其是曲线外侧扣件是否有连续失效。

⑤ 地面碎石道床线路还要按照季节特点和病害变化规律进行检查。夏季要注意观测无缝线路地段轨向变化，特别要注意检查前一日作业过的地段，以防胀轨跑道。冬季

注意钢轨、辙叉心、夹板的“三折”发生。

（2）道岔检查的主要内容。

① 尖轨与基本轨是否密贴，有无伤损。

② 尖轨联结杆和尖轨跟端螺栓有无松动。

③ 尖轨活动范围内和各部轮缘槽内有无障碍物。

④ 辙叉有无异状或损坏，护轨螺栓有无松动或缺损。

⑤ 接头、绝缘接头等有无变形和损伤。

（3）接触轨检查的主要内容。

① 接触轨下有无金属物、易燃物等影响送电和行车的障碍物。

② 接触轨弯头状态及弯头处第一瓷瓶有无损坏。

③ 接触轨瓷瓶、托架有无严重损坏。夹板螺栓是否松动。

④ 接触轨防护罩螺栓是否松动。

（4）路基检查的主要内容。

① 路基及边坡是否稳定，防护和加固设备是否完好。

② 排水沟是否清洁完好。

（5）小补修的主要内容。

① 整修失效钢轨扣件，打紧碎石道床浮起道钉。

② 拧紧接头螺栓。

③ 整修碎石道床防爬支撑，打紧防爬器。

④ 处理损坏的三轨板、托架。

⑤ 整修接触轨弯头，拧紧弯头夹板螺栓，更换弯头处损坏的绝缘瓷瓶。

⑥ 小修补后的废旧料、工具应整齐地码放在线路旁边的安全位置。

（6）发现问题处理。

① 巡道工在作业中发现设备隐患、故障，必须立即进行排除，同时做好记录，必要时应立即报告。

② 线路上存在影响送电或行车的障碍物要立即清理。

③ 凡发现危及行车安全的隐患、故障，一时难以处理时，必须立即向队值班人员或线路公司生产调度室报告，报清隐患具体位置和伤损情况，提出本人处理建议。如线路公司安排立即抢修，巡道工必须听从线路公司的指挥，配合抢修工作，待线路公司抢修人员到达隐患位置后，方可继续进行巡道作业，并做好详细的检查记录。

（7）作业后整理。

① 巡道工每日作业结束后，在离开现场前必须向队值班室汇报当日巡检情况。

② 巡道作业结束，两名作业人员同时在巡道终点站行车值班室办理注销手续（车场巡道在车场信号楼办理作业注销手续），注明应反馈的问题。特殊情况应向行车值班员讲明。

③ 巡道工作业后要做好原始检查记录。认真填写巡检日志及交接班记录，应监视的问题、检查人、部位、时间等应准确、规范地记录。

(8) 检查有无侵入限界及其他影响行车安全的故障。

① 靠近线路堆放的材料、机具等应符合下列尺寸要求，不得侵入限界：

距线路中心1 500 mm以内，材料、机具的高度不超过钢轨顶面25 mm；距线路中心1 501～1 725 mm，材料、机具的高度不超过钢轨顶面200 mm；距线路中心1 726～1 875 mm，材料、机具的高度不超过钢轨顶面350 mm；距线路中心1 876～2 440 mm，材料、机具的高度不超过钢轨顶面1 100 mm；距线路中心2 441 mm以外，材料、机具的高度不限。

② 道口铺面不得高于轨面25 mm，但钢轨头部内侧至200 mm范围内不得高于轨面。车站防护门处铁砖不允许高出轨面。

③ 轮缘槽宽度：直线为70～100 mm，曲线下股为90～100 mm，深度为45～60 mm。

④ 在地面上靠近线路堆放的材料（如道砟等），允许的最小限界是自两股钢轨的轨头侧面向外各810 mm范围内，不得超过钢轨面，以外按不陡于1∶1的坡度向外升高堆码稳固，两线间除符合上述条件外，最高不超过轨顶面300 mm。

⑤洞内临时放置的材料、机具不应超过车辆限界，同时所放置的物品、机具应摆放牢固。

3）巡查工具、材料及备品

巡道工巡查线路和接触轨时应带好照明设备及下列工具：

(1) 工具袋一个，内装记录本、笔及三根石笔；

(2) 450 mm活扳手一个；

(3) 手锤一把；

(4) 折尺一把；

(5) 普通扣扳或弹条2～4块；

(6) 信息钮识读器。

4）走行规定和注意事项

(1) 每日必须向队值班室报到，队值班室做好报到记录，停电后方可开始巡检工作。

(2) 按巡检图规定的时间巡查设备，到各站时间前后不得超过10分钟。

(3) 发现重大设备隐患时，应及时、准确地向队值班室汇报。必要时直接报段调度。

(4) 实行每日200 m人工检查钢轨制度，根据里程确定检查周期。

(5) 巡检结束后，立即向队值班室报告巡检情况，队值班室向段调度报告。

(6) 巡道时间规定。

① 巡道时间全程每班次为200分钟。开始时间为23：40（停电后），结束时间为03：00。

② 检查单开道岔每组用时10～15分钟。

③ 检查复式交分道岔或交叉渡线每组用时20～30分钟。

任务 6.2 钢轨、联结零件、道岔和接触轨的检查

【工作任务】

通过钢轨、联结零件、道岔和接触轨检查知识的学习，掌握以下能力：

(1) 掌握钢轨检查的方法；

(2) 掌握夹板检查的方法；

(3) 掌握道岔检查的方法。

【相关配套知识】

1. 钢轨的检查

巡道工在巡查线路时，应着重检查钢轨。检查时要集中精神，真正树立高度的责任感，力求做到一步不白走，一眼不白看，使任何伤损钢轨都不漏检。

要搞清伤损钢轨中裂纹发生的部位及名称，以便日常检查监视。钢轨各种裂纹的部位及名称如图 6－1 所示。

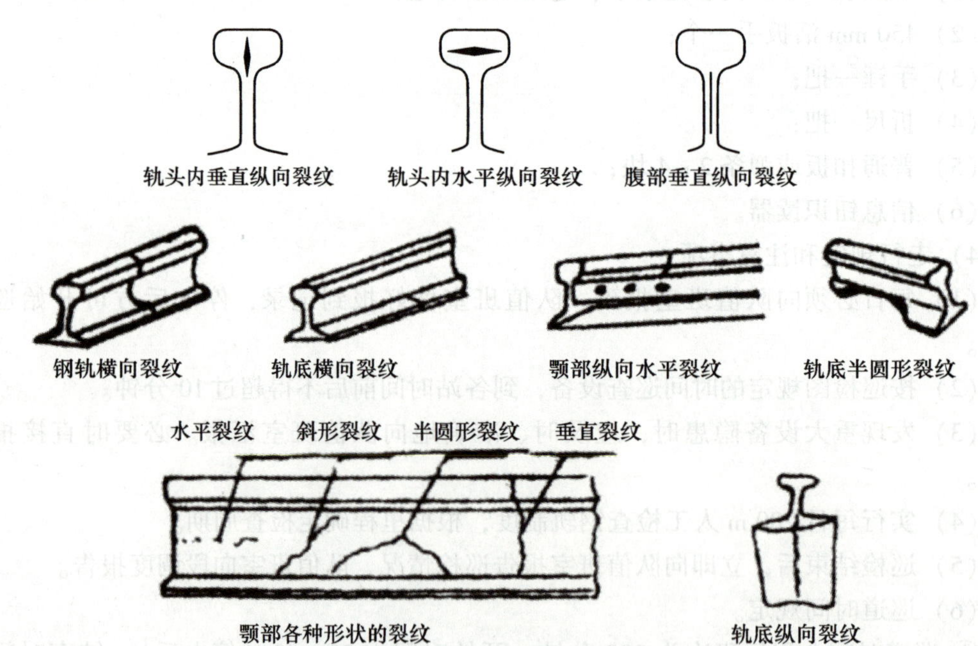

图 6－1 钢轨各种裂纹的部位及名称

1）看

看是用肉眼观察钢轨的表面状态，判断有无暗伤或明伤。如轨顶光面中有黑线，或

车轮压面不直，这种钢轨头部一般有暗伤。只是看白光还不够，还要看轨头的形状，如：轨头是否肥大，下颚与腹部间有无红锈等，根据这些特征，进一步准确地判断伤损的程度。对巡道工来说，看是检查钢轨的主要方法，看的技术必须反复学习、研究，才能做到及时发现伤轨，及时处理。

看时可以用站立或半蹲身的姿态骑着钢轨，也可以站在钢轨的一侧，聚精会神地向前观察，其视距根据各人视力不同，可远可近，一般是在10~20 m。当有太阳时检查钢轨须背着阳光，以免刺眼，影响视力。

看时主要注意以下六点：

(1) 看轨面“白光”有无扩大。

轨头踏面被车轮磨亮的光面，俗称“白光”。正常的钢轨，其轨面白光是平、直、齐的，形成一道白亮的痕迹。

钢轨如有内伤，轨面白光会向外扩大。白光扩大的长度，与内部裂纹长度大致相同。

线路维修不良，也会造成白光扩大现象，如线路方向、水平长期不良，钢轨有硬弯，列车运行到该处时，就会发生急剧摇晃；在铺设垫板和未铺设垫板交界处，护轨喇叭口或尖轨尖端相对的基本轨处、枕木腐朽和长期空吊板等软硬不匀处，常常会出现白光扩大现象；经火烧过的钢轨，低头的钢轨，也容易发生轨面白光扩大。

(2) 看“白光”中有无暗光或黑线。

轨头内部有垂直纵向裂纹时，会在扩大的白光中出现一道“暗光”，这是因为内部发生裂纹后，轨面受车轮的压力不均匀，车轮碾压不到的地方亮光消失的缘故。暗光的形状一般是中间宽窄一致，两端尖细。内部裂纹越宽时，越靠近轨面，暗光越粗越明显。裂纹发展到接近表面时，暗光变成黑线。

曲线上的钢轨，由于受车轮偏压磨损，后经整修或改铺在直线上时，会出现假暗光或假黑线；在相互式接头曲线的大腰处，轨面白光有时向外扩大，但无暗光或黑线；有的表面有油质杂物，会出现假暗光或假黑线；有的经车轮碾压，也会出现假黑线，一般粗细不一，可以擦掉。

辨别真假暗光和黑线，还要看轨头有无轧宽，鄂下或轨腹有无锈线，如有上述现象之一时，是真暗光，真黑线。

在长大坡道经常撒砂制动地段，不易看清白光时，轨面砂粒压成粉末较厚和较薄的情况可与白光中出现暗光和黑线的现象同等看待。

(3) 看轨头是否“肥大”。

轨头内部如果发生裂纹，则该处轨头必然较良好的钢轨头肥大。轨头肥大几毫米；它的内部裂缝也宽几毫米。如发现有轨头肥大而该处轨面白光又有扩大现象或颚下有锈线时，就可断定为伤轨。

(4) 看轨头是否下垂。

轨头垂直纵向裂纹、水平纵向裂纹、下颚纵向水平裂纹，在伤损发展到较严重时，都会出现颚部下垂。观察颚部是否下垂，可趴在钢轨上用眼看轨头下棱是否平直，如有下垂则很容易看出，或用镜子使镜面与轨棱成45°角，更容易发现。

(5) 看头部侧面有无锈线。

根据锈线的有无，判断钢轨是否有内伤，此方法最为准确，极少例外。

钢轨有了内伤，由于车轮压力集中。引起局部金属变形，这样会在相应部位的表面，出现连续的表皮剥落现象；不久，在剥落的地方形成一层鳞褐色铁锈，并逐渐连成一道锈线；之后，锈线颜色变深，由褐色变红色，最后变为暗红色。

如发现轨面有白光扩大，白光中又有暗光黑线，这时应详细检查该处两侧轨面，如有锈线就是伤轨。一般的规律是：白光向外侧扩大，锈线出现在内侧；白光向内侧扩大，锈线出现在外侧。

锈线愈在鄂部以上，锈线发细，内部裂纹就越靠近头部侧面；锈线在鄂部稍下，锈线发粗，而且锈线两端向上翘，锈线长度与轨面的暗光、黑线相符，则裂纹靠近轨头中心。如果裂纹已进入钢轨腹部，则在颚下两侧都有锈线。如果裂纹在腹中心，可能两侧都无锈线、而仅有锈色斑点。轨底有裂纹的钢轨，锈线出现在轨腰与轨底连接圆弧处。轨头内部有横向裂纹（暗核）的钢轨，锈线出现在鄂部或轨头侧面，但裂纹极细，不细看不容易发现。

锈线、暗光或黑线与内部内伤的长度大致相仿。因内伤出现的锈线，它们线条宽窄一致，两端尖细，尖稍上翘，锈线两边发毛，颜色有变化。有时因线路作业、装卸或存放钢轨不注意，将钢轨划伤会使鄂部或腹部出现锈线。但这种锈线线条宽窄不一，两边不发毛，颜色无变化，是假锈线，此种锈线所在钢轨不是内伤钢轨。

(6) 看腹部有无鼓包和变形。

腹部如有竖裂内伤，轨腹必然出现鼓包。趴伏在钢轨上，用眼看钢轨腹部，如发现有不平直处，用手摸也觉得有鼓出现象时，可用小锤敲击该处，以便验证。如锤向外弹，证明腹部确有竖裂内伤，哪一面鼓出，伤损就靠哪一侧，两面鼓伤出在中央，一面敲出一面凹进的，是腹部扭曲伤损，这种伤损也很危险，它会引起钢轨横向折断，应注意检查。有时鼓包处用锤敲击时，铁皮剥落，鼓包消失，这是假包不是内伤。

2) 敲

敲是检查接头的主要方法，通过敲打钢轨面，眼看小锤跳动情况，耳听小锤声音，体会手中锤柄的感觉，来判断接头范围内钢轨隐蔽伤损。敲是用弹簧小锤敲打轨面，听其声音是否清脆，看小锤的跳动是否有力。敲的目的是验证“看”所发现的可疑处。

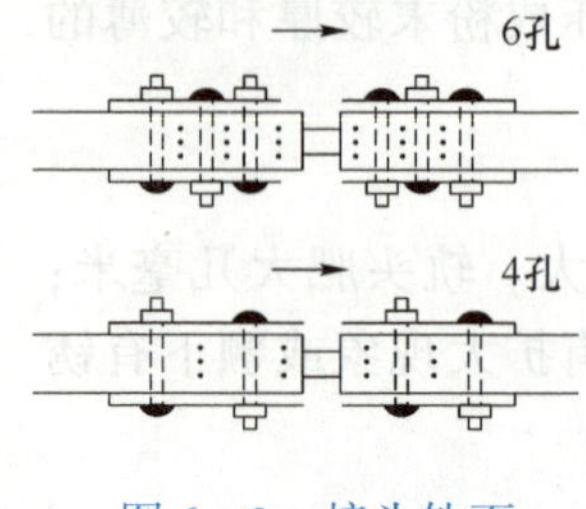

图 6－2　接头轨面

(1) 敲的要领。

敲打接头轨面可按图 6－2 所示顺序进行。敲打轨面时，要蹲在钢轨外侧，面向钢轨，将小锤端平，锤头高出轨面 50～80 mm，落锤处应距轨顶侧面 10 mm。手持锤把时拇指和食指握紧，其余三指只是扶持，要松紧自如，手腕一松，锤自由落下，平敲轨顶面。如果有疑问，可多敲几下，每次敲打时举锤高度要一致，才能反复比较，做出正确的判断。

(2) 敲的方法。

① 眼看、耳听、敲击时，要思想集中，注意眼看小锤跳动，耳听小锤声音，体会手中锤柄感觉，以此来判断钢轨好坏。

小锤落下能连续跳起4～6次，第一次跳起20～25 mm，发音清脆，没有浊音，最后一下的回音也较长，握锤的手感觉震动有力时是良好钢轨。如小锤落下只能跳起2～3次，跳起高度不超过2～3 mm，甚至不跳动，手中锤把很稳，没有向外晃动的倾向，就好像被钢轨吸住似的，同时发音破浊不清，回音不长或突然中止，手中锤把震动无力，可确定是有伤钢轨。

根据小锤跳动情况，声音变化及手部感觉的不同，可以大致判断出伤损的长度和范围。

此外，还应注意夹板与轨颚不密贴，或夹板有严重生锈、螺栓松动、轨底与铁垫板不密贴、钢轨肥边，轨枕面有道砟覆盖、接头瞎缝、枕木吊板等情况，这些情况均对小锤跳动次数和声音有影响，应慎重加以判断。

② 砂粒试验法。

在道口上检查，敲击钢轨，不易从声音上辨别好坏时，可用干燥粗砂、金属硬币、钢纽扣等，放在轨面中心，以小锤敲击附近轨面，如果是好轨用锤敲击时，能跳动4～6次，而砂粒或硬币黏着不动。如果是伤轨，砂粒会跳动，硬币会翻转，甚至掉落。

③ 粉笔试验法。

在可疑的轨面上，用粉笔涂满，经列车压过后，如果粉笔面全部压去，说明没有伤损。如果留有痕迹，则表明是伤损轨。

④ 手指感觉法。

当发现可疑伤轨用小锤敲打难以判断时，还可用一只手的手指轻轻摸触钢轨面，另一只手持锤平敲手指附近轨面，如感觉到有像人脉搏跳动一样的震动，而手指又感觉发麻时，则是轻伤。

3）照

钢轨裂纹有些发生在阴暗部分，不易发现，这时需要用镜子照，因此“照”是检查钢轨不可缺少的一个步骤。

照的方法：使用小镜子以检查轨缝内的钢轨端部。检查时可将镜子放在轨底下，借助反射的光，观察轨端竖面是否有裂纹。

4）卸

用看、敲、照的方法检查后，仍不能判断接头处钢轨的状态时，应卸下螺栓，甚至卸下夹板进行检查。

5）特殊检查

（1）黑核钢轨的检查方法。

在断轨事故中，很多是因钢轨黑核所引起的。检查黑核的方法除了使用钢轨探伤仪检查外，人工检查也是必要的。

① 黑核钢轨产生的原因。

在轧制钢轨时脱氧不良（缓冷过程）或含有非金属夹杂物，使钢轨中的氢气不能很好地扩散，而产生极微小的氢气泡，称为白点，亦称斑痕，这是黑核钢轨产生的先天原因。这样的钢轨经过多年的使用，再加上维修不良，在车轮的冲击震动下，轨内的白点就成为应力集中的疲劳核心，逐渐形成放射形，就像木材的年轮一样，逐渐向四周扩展，形成了蛋形的银白色的斑痕，并与钢轨长度方向垂直，再经一段时间列车的冲击震动，斑痕逐渐发展扩大，造成钢轨折断，在断口处呈现疲劳斑痕，这种疲劳断口具有平坦光亮的表面，通常称之为“白核”。当疲劳裂纹发展至轨头，露出表面，由于空气的入侵而氧化变暗，形成黑色斑痕，称之为“黑核”。

② 黑核钢轨的特征及发展规律。

黑核的发展，是由核心呈放射形向外扩展，首先在钢轨下颚或轨头侧面出现，然后再发展到轨顶面。当从核心扩展到外面时，呈现出一条黑色的细线（小裂纹）并带有毛刺。时间稍长，则呈现出黄褐色的锈痕细线，阴雨天时，锈痕呈现酱紫色，无雨天是黑红色的，一般锈痕是在裂纹的下面，时间越长，锈痕的范围越大。通过实地观察发现，在冬季，裂纹的周围带有黑色的毛刺，时间一长则呈现稍带有红色的毛刺，这是由于霜雪的影响。另外，在降雨后，裂纹处不易干，有霜天裂纹处不挂霜，霜退后纹稍发混。裂纹如发展到轨面上，用手去摸，稍有划手的感觉，如用布将霜擦去，则裂纹稍发黑色（或银灰色）。当裂纹发展到轨面时，其发展速度更快，通过实地观察，每通过一趟车，裂纹可扩展 1.5 ~2.0 mm。气温不正常时，裂纹发展得更快。

③ 黑核发生部位。

一般是小腰多，大腰少；里口多，外口少。

整根钢轨或者是短轨，黑核一般是发生在距轨端 300 ~1 800 mm 的范围内，也就是在小腰部位（个别在大腰），其中以 500 mm 为最多，某部门统计的黑核钢轨发生位置如表 6 -1所示。

表 6 -1　某部门统计的黑核钢轨发生位置

位置/mm	里口	外口	比例/%	附注
距接头 300 ~600	25	0	54.3	多发生在距轨端 500 mm 左右
距接头 600 ~1 000	15	0	32.6	
距接头 >1 000	6	0	13.1	
合计	46	0	100	

④ 发展周期。

黑核钢轨多发生在温度低的季节，这主要是因为气温低，钢轨本身变脆，弹性减弱。从发展周期来看，从前一次检查到下一次检查发现，一般是 10 ~15 天。因而，在检查上一般采取每月两次的做法，可以基本上把黑核钢轨，消灭在发生折断之前。

⑤ 黑核钢轨检查的方法。

在检查钢轨时，应着重看钢轨侧面和下颚有无红色锈痕，有了锈痕首先看其中是否有垂直裂纹，如有裂纹，再看颜色是否为浅黑色，轨面是否有白线。开始发展为黑核钢轨时，在 3 m 以内的地方能看到轨面上带有毛刺，并有一道横向银白色细线，用手摸时稍有划手的感觉。如果到了严重阶段，在白光线的两头有须尖，用小针放上去，列车通过时就可压进去。雨后发现轨面有黑线时可以用锤敲打黑线处，如从该处向外冒黑水，或轨头侧面及轨腹有湿润的时候，即证明为有伤钢轨，不是水平裂纹，就是有核伤钢轨，应该特别注意检查。

在鉴别裂纹前，对侧面及下颚处的裂纹，不要用手去摸，可用放大镜来判断，同时可以趴下看里口侧面是否有轨头下垂，轨腹是否扩大，以及侧面有无锈痕，轨面是否有黑线现象。

区别真假纹，一般是真纹成立砟，比一般裂纹清楚，锈是黑色的，纹理很细，假纹发秃。发现轨面有横向极细的线，用手顺着钢轨横向滑动，如有刮手的感觉，而且愈擦愈黑时，则是黑核钢轨，此时要立即上报加以处理，保证行车安全。

隧道内由于通风不良，空气湿度大，钢轨受到腐蚀，容易生锈，加上光线暗，不易检查。隧道内检查时，可用手电筒在列车行进方向的左侧，往返检查一遍轨面白光，看有无暗光和黑线等。

（2）用煤油检查。

当发现轨面有擦伤和细小裂纹现象，不能判断是否发展到内部时，可先将疑问处的污垢用小刷刷净，再用细棒沾上一滴煤油，在高于轨面 2 ~ 3 mm 处，将油滴于裂纹附近，如果煤油四面散开，说明是表面伤损或重皮；如果煤油滴上后立即渗入，或是在渗入时又发生很小的小泡时，则说明它的内部有纹或空隙，可将煤油继续滴入，以判断裂纹的深浅。

6）钢轨伤损标准

（1）钢轨轻伤标准。

轻伤钢轨是钢轨强度已经削弱，但在一定时期内对行车尚不构成危险的钢轨，其判定标准如下：

① 钢轨头部磨耗超过表 6 – 2 所列限度之一者；

② 轨头下颚透锈长度不超过 30 mm；

③ 钢轨低头（包括轨端踏面压伤和磨耗在内），超过 4 mm（用 1 m 直尺测量最低处矢度）；

④ 轨端或轨顶面剥落掉块，其长度超过 15 mm，深度超过 4 mm；

⑤ 轨头锈蚀，除去铁锈后轨底厚度小于 8 mm（在轨底边缘处测量），或轨腰厚度小于 10 mm；

⑥ 钢轨擦伤，深度达到 0. 5 ~ 16 mm。

表 6 – 2　钢轨头部磨耗轻伤标准

钢轨/（kg/m）	总磨耗		垂直磨耗		侧面磨耗	
	正线及到发线	其他站线	正线及到发线	其他站线	正线及到发线	其他站线
60	16	18	9	10	14	16
50	14	16	8	9	12	14
43	12	14	7	8	10	12

注：① 总磨耗 = 垂直磨耗 + 1/2 侧面磨耗。

② 垂直磨耗在钢轨顶面宽 1/3 处（距标准工作边）测量。

(2) 钢轨重伤标准。

重伤钢轨是不能保证行车安全的严重不良钢轨，需要及时更换，其判定标准如下：

① 钢轨头部磨耗超过表 6－3 所列限度之一者；

② 钢轨在任何部位有裂纹；

③ 轨头下颚透锈长度超过 30 mm；

④ 轨端或轨顶面剥落掉块，长度超过 30 mm，深度超过 8 mm；

⑤ 钢轨在任何部位变形（轨头扩大、轨腰扭曲不直或鼓包等）；

⑥ 钢轨锈蚀，经除锈后，轨底边缘处厚度不足 5 mm，轨腰厚度不足 8 mm；

⑦ 钢轨擦伤，深度超过 1 mm。

表 6－3 钢轨头部磨耗重伤标准

钢轨/（kg/m）	垂直磨耗	侧面磨耗
	正线、到发线及其他站线	正线、到发线及其他站线
60	10	17
50	9	15
43	8	13

(3) 钢轨折断标准。

钢轨折断是指发生下列情况之一者：

① 钢轨全截面至少断成两部分；

② 裂纹已经贯通整个轨头截面；

③ 裂纹已经贯通整个轨底截面；

④ 钢轨顶面上有长大于 50 mm，深大于 10 mm 的掉块。

7) 钢轨伤损标记

巡道工在巡查线路时，应特别注意查看有伤损标记的钢轨。线路钢轨伤损标记如表 6－4 所示。

表 6－4 线路钢轨伤损标记

伤损种类	标记	附注
轻伤	△	用白铅油做标记
轻伤有发展	△△	用白铅油做标记
重伤	△△△	用白铅油做标记

巡查时注意观察伤损有无发展，如有发展应做好记录并及时向工区汇报，发展到需要更换程度时，应马上向调度报告，予以更换。

2. 夹板检查

夹板的作用是把两根钢轨互相联结起来，保证钢轨接头范围能与完整的钢轨一样担

负力量。如果夹板折断，或夹板裂纹超过规定标准时，就可能造成行车事故，检查时应重点检查图6－3所示的部位。夹板发生裂纹时，先是掉铁皮，后发生锈痕，这时应标记清楚，加强监视。关于伤损夹板更换的标准规定如下：夹板折断；平直及异形夹板的中央裂纹（指中间两螺栓孔范围内）超过5 mm，双头及鱼尾形夹板超过15 mm；夹板其他部位裂纹发展到螺栓孔。

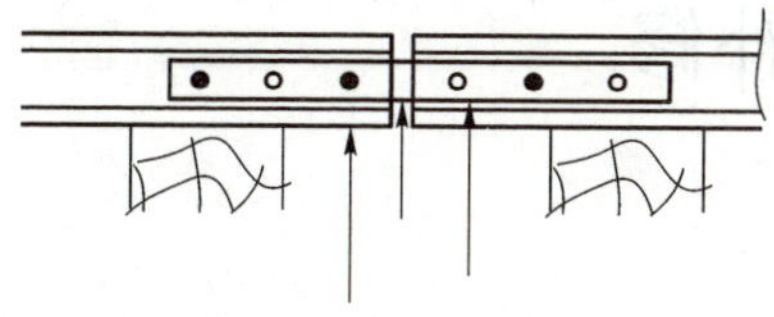

图6－3　接头夹板

3. 道岔检查

道岔构造较一般线路复杂，检查时，应参照图6－4所示的重点部位进行检查。

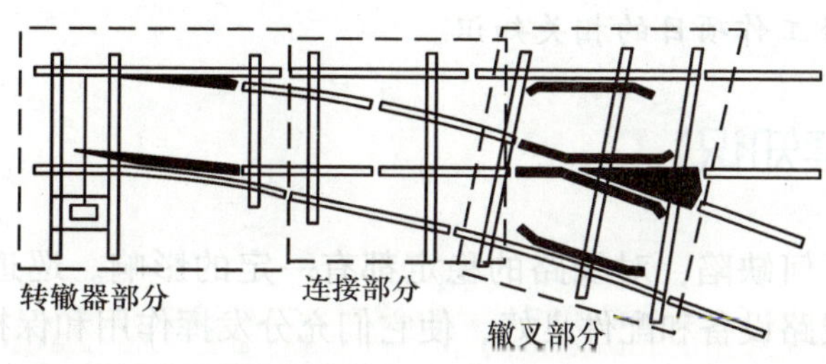

图6－4　单开道岔的重点检查部位

1）转辙部分

（1）机车、车辆进入直线或侧线，全靠尖轨起作用，除对整根尖轨要细致检查外，还应注意尖轨切削部分的非作用面是否有裂纹或其他伤损。

（2）联结杆两端容易发生裂纹，由于裂纹不易从上面发现，应从下面检查有无裂纹。

（3）滑床板由于受力不均也容易折断，应注意检查。

（4）拉杆螺栓在受力过大时易发生剪切折断，检查时应注意观察。

2）连接部分

连接部分的检查与一般正、站线的钢轨检查方法相同，对导曲钢轨的磨耗应予以注意，侧磨超限时，要及时向工区汇报。

3）辙叉部分

（1）钢轨组合式辙叉的翼轨，用普通钢轨经弯折刨切而成。因此，在刨切受压部分和由辙叉实际尖端往后至第一螺栓孔的翼轨上，容易发生折断、应注意检查。

（2）车轮由翼轨过渡到辙叉，要压在断面较小、顶宽30～50 mm的心轨上，心轨容易折断，应注意检查。

（3）护轨的作用是迫使车轮轮缘在护轨轮缘槽内通过，其目的是控制另侧的车轮不致撞击辙叉或走向异股，所以要检查护轨有无裂纹、螺栓是否紧固，以及有无断裂等。

道岔部位的巡查是巡查工作的重点，巡道工对道岔区的每根钢轨、夹板螺栓、垫板、滑床板等要认真、一丝不苟地检查，做到精查细看，慢步走，一步不白走，一眼不白看，及时发现问题，及时处理，保证运营安全。

任务6.3　线路小补修

【工作任务】

通过线路小补修知识的学习，掌握以下能力：

(1) 能够编制小补修计划；

(2) 了解小补修工作项目的相关知识。

【相关配套知识】

线路上出现的任何缺陷，对线路的稳定都有一定的影响。巡道工所做的小补修工作，就是为了保证线路设备和配件良好，使它们充分发挥作用和保持线路外观的整洁和美观。因此，巡道工在当班时，要很好地完成本巡回区域内的工作，消灭一切可能引起线路发生病害的因素，对已经发生的问题，应及时予以补修，以保证列车安全行驶。

1. 小补修计划的编制

制订小补修计划，是做好小补修工作的前提。

小补修工作应根据区间线路的特点，抓住重点。为此，编制小补修计划时，应按线路存在问题的多少来安排：

(1) 碎石道床道岔区道钉易浮起，应安排打紧浮起道钉并拧紧螺栓。

(2) 曲线是线路的薄弱环节，对缓和曲线尤其要注意，要及时更换断裂扣板，拧紧T形螺栓。

(3) 直线部位绝缘和不绝缘接头鱼尾螺栓易松动，应定期紧固以保证线路安全。

小修补计划的编制应以日常巡查所了解的线路实际情况为依据，每月末编制下月的工作计划，其内容包括小补修地段，作业项目及工作量。巡道人员共同讨论后，送交工长批准。每日工作完毕后，应及时填写完成的工作量，月底由工长验收数量和质量。

2. 小补修工作项目

1) 线路补修工作

(1) 拧紧螺栓。巡道工应经常检查线路扣板是否断裂，T形螺栓是否松动。一般情况下，螺纹道钉的头部比螺帽露出1～2 mm，形成一个凸出的形状。如螺纹道钉与螺帽平齐，甚至螺纹道钉比螺帽还低1～2 mm时，说明螺母太松，失去扣紧作用。发现此种情况，应及时拧紧螺母。螺母不要拧得过紧。扣板断裂应及时更换。

（2）检查接头鱼尾螺栓是否松动，如有松动应及时拧紧。

2）道岔补修工作

（1）打紧道岔区段的浮起道钉，打浮钉时应分轻打和重打，不浮起不打，多次重打易使钉孔扩大，扣着力降低。

（2）打紧防爬器，为保持道岔的稳定，对失效的防爬木撑应及时更换，对松动的防爬木撑应打紧，尤其防爬器一定要打紧。

（3）上紧道岔接头鱼尾螺栓，消灭接头错牙。

3）接触轨补修工作

检查接触轨弯头夹板螺栓是否松动，如松动应及时拧紧。检查受流器保证其正常使用。检查接触轨托架及瓷瓶有无严重损坏，如损坏应予更换，如手头没有材料应立即通知工区给予更换。

【项目小结】

每一个巡道工，都要热爱本职工作，听从指挥，加强责任心，自觉遵守纪律，严格执行上级命令。

【复习思考题】

（1）巡道工应学会哪几项技术？
（2）巡道工重点巡查的项目有哪几项？
（3）靠近线路堆放的材料、机具的具体摆放要求是什么？
（4）巡道工工作时应带什么工具及材料？
（5）巡道走行规定和注意事项有哪些？
（6）看轨要掌握哪六项规定？
（7）黑核钢轨的特征及发展规律是什么？如何对黑核钢轨进行检查？
（8）检查伤损钢轨的敲击方法的要领是什么？
（9）伤损钢轨的标准是如何规定的？
（10）现场对伤损钢轨如何标记？
（11）道岔检查的重点是什么？
（12）小补修工作包括哪几项内容？
（13）巡道工制度包括哪些？
（14）如何做好巡道工作？

附录A 钢轨探伤管理规则

铁道部文件

铁运〔2006〕200号

关于印发《钢轨探伤管理规则》的通知

各铁路局：

1995年铁道部发布的《钢轨探伤管理规则》（铁工务〔1995〕144号）对指导工务钢轨探伤工作，保证线路质量，确保铁路运输安全生产起到了重要作用。近年来，随着铁路提速和重载的不断发展，对钢轨探伤工作提出了更高的要求。随着大型钢轨探伤车的不断投入使用，全路已形成了钢轨探伤车和探伤仪的两级钢轨探伤网络。现行《钢轨探伤管理规则》已不适应铁路运输的发展，需进行修改完善。现将修改后的《钢轨探伤管理规则》予以发布，自2006年10月1日起施行。铁道部原发《钢轨探伤管理规则》（铁工务〔1995〕144号）同时废止。《钢轨探伤管理规则》由铁道部运输局负责解释。

二〇〇六年十一月十日

钢轨探伤管理规则

第一章　总　则

第一条　为适应铁路运输的发展，加强钢轨探伤管理，提高钢轨探伤作业质量，根据《铁路技术管理规程》，特制定本规则。

第二条　钢轨探伤工作具有流动性和技术性强、安全责任重等特点，是工务部门钢轨防断、确保行车安全的关键工作。钢轨探伤作业应安排在白天进行。各有关部门要为探伤人员提供必要的工作、生活和业务学习条件，要对探伤设备的转运、存放、上道作业等给予积极支持和配合。

第三条　各级管理部门要重视探伤工作，探伤从业人员应固定，探伤队伍应稳定。铁路局要积极改善工务系统培训基地的探伤培训条件，加强探伤技术人员的培训工作。工务段（桥工段）应建立探伤人员演练场所。探伤管理组应建立探伤人员技术档案。

第四条　铁路局应加强两级探伤网络建设，实现钢轨探伤车与钢轨探伤仪之间检测数据资源共享、相互补充；定期组织钢轨探伤车操作人员与工务段探伤人员进行技术交流，根据检测结果进行技术总结，以防漏检或误判。

第五条　本规则适用于铁路线路钢轨探伤。

第二章 组织管理

第一节 机构和人员

第六条 铁道部钢轨探伤主管部门负责全路钢轨探伤管理工作。

第七条 铁路局工务处负责全局钢轨探伤的组织管理工作，负责钢轨探伤技术和设备的管理。

第八条 铁路局工务检测所应设钢轨探伤管理组。

第九条 工务段（桥工段）、工务机械段应根据工作任务设探伤生产机构。

第十条 铁路局应设专业技术人员主管钢轨探伤工作。工务段（桥工段）、工务机械段应设专人负责钢轨探伤工作。

第十一条 要按照GB/T9445和《国家职业标准》的要求加强对探伤人员的技能培训、鉴定和考核。执机人员必须具有Ⅰ级或以上级别的探伤人员技术资格；Ⅱ级探伤人员应不少于探伤人员总数的50%。

第十二条 仪器检修人员应具备Ⅱ级或以上级别的探伤人员技术资格，具有必要的电子技术知识和技能。对仪器检修人员应实行考评制度，不合格者不应担任检修工作。

第十三条 探伤从业人员要加强业务学习、不断提高业务技能。工务段（桥工段）、工务机械段对不适应钢轨探伤工作的人员要及时调整。

第十四条 探伤从业人员应具有高中及以上文化程度，能胜任探伤工作。

第二节 工作职责

第十五条 工务处

（一）制定铁路局钢轨探伤工作发展规划和各项规章制度，并组织实施。

（二）制定探伤设备（包括钢轨探伤车、钢轨探伤仪、钢轨焊缝探伤仪、通用探伤仪以及相应的探伤器材等）和相应检修设备的配置计划，负责小型探伤设备的选型。建立健全钢轨探伤设备检修管理制度。

（三）制定钢轨探伤作业标准，并督促、指导实施，做好钢轨伤损和断轨的分析、统计。

（四）制定探伤人员的培训、技术交流和技术比武计划。

（五）制定钢轨探伤车的运用管理办法及年度探伤计划。

第十六条 钢轨探伤管理组

（一）督促、检查探伤作业标准的贯彻实施，并对基层单位探伤工作进行技术指导。

（二）负责实施探伤人员的培训、技术交流和技术比武。

（三）参与对钢轨伤损和断轨的分析。

（四）建立健全钢轨探伤仪检修管理制度和设备台账。

（五）负责对钢轨探伤仪的维修、年检和性能检查。

（六）负责对新购置探伤设备、器材和配件的测试或抽查，对申请报废的仪器进行鉴定。

第三章　设备管理及检修

第一节　设备配置和管理

第十七条　铁路局应根据探伤设备配置计划为工务段（桥工段）、工务机械段配足探伤仪，并应配备一定数量的备用探伤仪。同时应配有相应的安全防护通信工具（如对讲机）、检测仪器、仪表、设备和修理工具等。

第十八条　新购置的探头和其他重要配件，须经铁路局组织的测试，合格后方可使用。

第十九条　探伤设备应满足下列要求：

钢轨探伤仪应符合 TB/T2340 标准；

超声探头及保护膜应符合 TB/T2634 标准；

钢轨焊缝探伤仪应符合 TB/T2658.21 标准；

通用探伤仪应符合 JB/T10061 标准并能满足钢轨探伤的需要。

第二十条　探伤生产机构应配备超声波探伤试块，其中包括：

标准试块，如 CS－1－5 试块、CSK－1A 或 IIW 试块等；

对比试块，如 WGT－3 试块和阶梯试块等；

实物对比试块，如 GTS－60 试块和附件 2 推荐的 GTS－60C 试块等；

钢轨焊缝探伤试块，如 GHT－1 试块、GHT－5 试块或等效的 GHT－2、GHT－3、GHT－4 试块。

同时，应注意收集各种带有自然伤损的钢轨用作实物对比试块。

第二十一条　钢轨焊缝探伤应配备符合 TB/T2658.21 的扫查装置或组合探头。

第二十二条　应建立健全探伤设备的管理网络和管理制度，加强探伤设备的保养、维修和检测，禁止使用有故障的探伤设备进行探伤作业。

第二十三条　探伤仪应有计划地轮换使用，不能长期闲置。暂不使用的仪器，应每月进行一次开机和充电，并做好记录。

第二节　探伤仪检修、保养和考评

第二十四条　检修和保养

（一）探伤仪

探伤仪的检修和保养分日常保养、月测试、季度检修（季检）、年度综合检修（年检）和故障检修等。

1. 日常保养：每日作业完毕后进行。包括擦拭仪器、充电和对有关部件进行调整、紧固等。日常保养由操作者实施。

2. 月测试：每月进行一次。对仪器、探头性能进行测试（测试内容见附件 1），并对机架部件进行保养。月测试由班组实施，班长（机组长）复验，工长抽检和签认。

3. 季检：每季度进行一次。逐台对仪器和探头主要技术指标（见附件1）进行测试和调整。对机架（包括探头架和翻板等）进行保养和整修。季检由工务段（桥工段）、工务机械段探伤生产机构负责组织实施并检验。

4. 年检：每年入冬前进行，可与第四季度的季检一并实施。对探头和机械部分进行综合性能检测及修理，对仪器指标进行测试（测试内容见附件1）。年检由铁路局组织实施。

5. 故障检修：仪器故障修复后，由检修人员与使用者一起进行测试，合格后共同签认。

（二）探伤试块

加强对探伤试块的保养。应注意防蚀、防锈、防潮、防碰撞损伤，重要的基准孔应用铝塞防水密封胶封固，基准线、切割槽应采取防锈措施。

第二十五条　考评

对探伤仪的状态质量考核评定，应贯穿于探伤仪的整个使用过程中。

（一）考评内容

1. 季检、年检的合格率、优良率；

2. 年度总评优良率；

3. 年度探伤总里程。

（二）考评方法

1. 季检考评：在仪器季检后进行。由工务段（桥工段）、工务机械段实施，铁路局抽检，抽检率不少于20%。

2. 年检考评：由铁路局组织，工务段（桥工段）、工务机械段实施；并由铁路局对各基层单位通过年检的仪器进行抽检，抽检率不少于25%。

（三）评分标准、评分细则和奖惩办法由铁路局制定。

第三节　探伤仪的报废

第二十六条　报废标准

探伤仪连续使用时间超过五年或工作小时超过5000小时者报废；达到报废时限但年检时仪器各项指标仍能达标，可适当延长使用年限。

第二十七条　报废程序

仪器年检时，主要技术指标不合格或无法修复的仪器，经工务处组织鉴定后可按规定手续申请报废。

第四节　探伤车管理和运用

第二十八条　钢轨探伤车分为铁道部钢轨探伤车和铁路局钢轨探伤车。铁道部钢轨探伤车配属铁道部基础设施检测中心；铁路局钢轨探伤车由铁路局统一管理、集中使用。铁道部基础设施检测中心负责对全路钢轨探伤车提供技术支持，并根据铁道部行业主管部门的安排对全路线路进行抽检。

第二十九条　钢轨探伤车的运用和管理按《钢轨探伤车运用管理办法》执行。

第三十条　铁道部和铁路局钢轨探伤车，对年通过总重不小于50Mt或允许速度大于120km/h的线路每年应至少检查2遍，

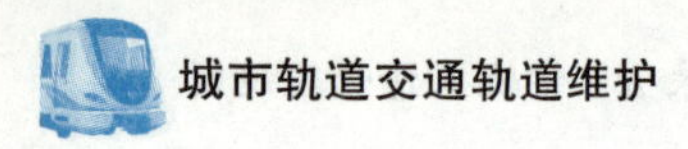

对年通过总重不小于25Mt的干线每年应至少检查1遍。特殊地段增加检查遍数由铁路局确定。钢轨探伤车检查的伤损应采用探伤仪进行复核。

第三十一条 工务段（桥工段）应做好对钢轨探伤车作业的配合和对检测结果的复核、监控，及时反馈复核情况并向主管部门报告。钢轨探伤车操作人员应经常参加复核工作，以提高判伤水平。

第四章 探伤作业

第一节 钢轨探伤

第三十二条 基本要求

（一）钢轨探伤

1. 探头配置和推行速度

（1）探头配置：探头配置应能保证从钢轨踏面上扫查时，声束所能射及部位的危害性缺陷都能被有效探测。要加强对轨头（包括内侧、中部和外侧）和轨底横向裂纹（核伤）的探测。除使用70°探头的二次波外，可使用一次波探测轨头核伤。

（2）推行速度：普通线路地段一般不大于2km/h，无缝线路地段一般不大于3km/h。

（二）道岔部位探伤

1. 每年入冬前，应加强对正线道岔曲基本轨的探测。

2. 尖轨探伤时应注意仪器探测与手工检查相结合，仪器探测区域为轨面宽度大于50mm的部位。

3. 高锰钢整铸辙叉应采用手工检查，钢轨组合辙叉应采用仪器探测与手工检查相结合。

4. 要定期对可动心轨进行探伤检查。

（三）重点处所钢轨探伤

在对接头、曲线、隧道、道口、桥梁等重点处所进行钢轨（焊缝）探伤时，要慢速推行，并注意观察波形显示，必要时要结合手工检查。

（四）站专线及常备再用钢轨探伤

1. 站专线钢轨探伤

（1）驼峰地段应重视坡峰、坡谷地段钢轨的探测。

（2）轨面锈蚀严重时，应采用手工检查；若遇机车、车辆压道无法探伤，作好记录，报技术（线路）科备案。

2. 常备再用轨探伤

（1）常备再用轨，在上备轨架前必须进行钢轨全长范围内的探伤检查。

（2）经探伤确认无伤的再用轨应在轨面上标明“探伤时间”。确认有伤的再用轨，应做明显的标记。

（五）成段更换钢轨探伤

1. 再用轨应先探伤、后上道。成段更换钢轨或再用轨，在线路验交时，必须进行探伤，并在三个月内加强检查和监视。

2. 新钢轨上道后应及时进行探伤，发现伤损时，应及时上报技术（线路）科，并采取措施、加强防范、逐级上报。

第三十三条 探伤灵敏度

0°探头通道：反射法5mm水平裂纹当量；

穿透法136mm处φ6mm通孔或6dB底波降低。

37°（或35°至45°之间的其他角度，下同）探头通道：3mm螺孔裂纹当量。

70°探头通道：φ4mm平底孔当量。

第三十四条 探伤周期或次数

（一）正线、到发线线路和道岔钢轨探伤周期见下表。

正线、到发线线路和道岔钢轨探伤周期

年通总重（Mt）	年探伤遍数		
	75kg/m、60kg/m 轨	50kg/m 轨	43kg/m 及以下轨
≥80	10		
50－80	8	10	
25－50	7	8	9
8－25	6	7	8
<8	5	6	7

注：冬季应缩短探伤间隔时间。

其他站线、专用线的线路和道岔每半年应检查1遍。

（二）下列情况应适当增加探伤遍数：

1. 冬季；

2. 在桥梁上、隧道内、小半径曲线、大坡道及钢轨状态不良地段；

3. 伤轨数量出现异常，连续两个探伤周期内都发现疲劳伤损（如核伤、鱼鳞伤、螺孔裂纹、水平裂纹等）地段；

4. 大修换轨初期（75kg/m、60kg/m钢轨为累计通过总重50Mt，50kg/m钢轨为累计通过总重25Mt）、超过大修周期地段、钢轨与运量不匹配地段。

（三）无缝线路和道岔钢轨的焊缝除按规定周期探伤外，应用专用仪器对焊缝全断面探伤，每半年不少于1次。

第三十五条 钢轨伤损分级和处理

（一）钢轨伤损分级

钢轨伤损分级详见《铁路线路修理规则》。在本规则第三十三条规定的探伤灵敏度下发现钢轨内部裂纹时应判为重伤。

（二）钢轨（含焊缝）伤损处理

1. 发现伤轨后应在缺陷处按下表所规定的方法作标记。

2. 发现重伤钢轨、桥梁和隧道内发现轻伤钢轨时应立即通知线路工区（车间）及工务段调度。

3. 对轻伤有发展的钢轨，应进行监控，作好记录，并通知线路工区。

4. 凡发现乙炔气割或烧孔钢轨应迅速通知线路工区立即更换。

伤损标记

伤损种类	伤损范围及标记		说　　明
	连续伤损	一点伤损	
轻　　伤	ǀ←△→ǀ	↑△	用白铅油作标记

<table>
<tr><th rowspan="2">伤损种类</th><th colspan="2">伤损范围及标记</th><th rowspan="2">说　　明</th></tr>
<tr><th>连续伤损</th><th>一点伤损</th></tr>
<tr><td>轻伤有发展</td><td>|←△△→|</td><td>↑△△</td><td>用白铅油作标记</td></tr>
<tr><td>重　　伤</td><td>|←△△△→|</td><td>↑△△△</td><td>用白铅油作标记</td></tr>
</table>

铁道部钢轨探伤车检查中发现问题，应及时向有关单位发出通知。

铁路局钢轨探伤车检查中发现问题，应立即通知工务段（桥工段）处理，检查后向有关单位通报检查结果。

第二节　钢轨焊缝探伤

第三十六条　技术要点

（一）基本要求

1. 新焊焊缝：厂焊或基地焊的钢轨焊缝，应严格执行“先探伤、后上道”的规定。在线路上现场焊接的接头，焊接后应及时进行探伤。在办理线路验交时，必须有完整的焊接探伤记录。

2. 焊缝两侧各400mm范围内，不得进行钻孔或安装其他装置。

（二）探测范围

焊缝横断面各个部位，铝热焊焊缝扫查应遍及焊缝全宽度（钢轨纵向）。在役焊缝探伤应包括焊缝和热影响区在内的整个钢轨焊接接头（自焊缝中心向两侧各延伸200mm）。

（三）探伤时期及探测面

新焊焊缝探伤在推瘤和打磨以后进行，焊缝处温度应冷却至40℃以下或自然轨温，探测面不应有焊渣、焊瘤或严重锈蚀等。

（四）扫查方式和要求

扫查方式和要求应符合TB/T2658.21标准的有关规定，其中：

1. 应采用单探头和双探头两种方法从焊缝两侧分别进行扫查，并应采用仪器检查和人工检查相结合的方法。

2. 应使用专用焊缝探伤仪或带有扫查装置的通用探伤仪进行探伤，所用探伤设备应同时具有对焊缝进行双探头扫查和单探头扫查功能。

第三十七条　质量标准

（一）新焊焊缝

0°探头探伤铝热焊焊缝时，底波比正常焊缝底波低16dB及以上，或焊缝存在如下缺陷时，焊缝判废，应重新焊接：

1）双探头探伤：

轨底角部位（20mm）：

≥φ3－6dB平底孔当量（即≥φ2.1平底孔当量）。

其他部位：　≥φ3平底孔当量。

2）横波单探头探伤：

轨头和轨腰：　≥φ3长横孔当量。

轨底：　≥φ4竖孔当量。

轨底角（20mm）：

≥φ4－6dB 竖孔当量（即≥φ2.8 平底孔当量）。

3）铝热焊 0°探头探伤：≥φ5 长横孔当量。

4）焊缝中存在平面状缺陷。

5）缺陷当量比 1）、2）、3）规定的缺陷当量小，但差值在 3dB 内，且延伸长度大于 6mm。

（二）在役焊缝

1. 焊缝疲劳缺陷的当量达到或超过探伤灵敏度规定的当量时判为重伤，未达到时判为轻伤；

2. 焊缝焊接缺陷达到第三十七条规定的新焊焊缝报废程度时，判为重伤，未达到时判为轻伤。

第三节 钢轨焊补探伤

第三十八条 钢轨焊补探伤要抓好焊补前探伤、焊补后探伤和监控。

第三十九条 焊补前探伤

钢轨在焊补前应通过打磨彻底清除裂纹，并经探伤确认后再进行焊补。

第四十条 焊补后探伤

钢轨焊补后应进行探伤，为确保焊补质量，可采用多种探伤方法。

第四十一条 监控

钢轨焊补初期，要加强探伤和监控。

第四节 作业安全

第四十二条 探伤作业时应根据《铁路工务安全规则》有关规定设专人防护并携带必备的防护用品和通信工具（如对讲机）。电气化区段探伤应执行电气化区段安全作业的有关规定。

第四十三条 在隧道内探伤时，应备照明器具。进入桥梁或长大隧道探伤前，应与巡守人员联系，掌握列车运行情况。

第四十四条 在大修施工地段探伤时，要注意施工车辆和线路上散放的机具、配件。

第四十五条 在大站场探伤或转线时，应执行《铁路工务安全规则》的有关规定。在专用线探伤时，要注意开矿、采石的爆破预报。

第四十六条 对钢轨焊缝进行探伤时，打磨、铲渣、除锈人员应戴防护镜。凡拆除的扣件、夹板应及时恢复，并按要求拧紧、锁定。

第四十七条 严冬、酷暑季节，应合理安排探伤作业时间；遇恶劣天气时，应停止探伤作业。

第四十八条 钢轨探伤车临时停车进行车下检查时，应设专人负责防护、联络。

第五章 探伤信息管理

第一节 钢轨伤损信息管理

第四十九条 铁路局应健全、完善伤损钢轨数据库，并建立伤损钢轨计算机统计分析系统。

第五十条 探伤生产机构应有年度任务计划安排表，钢轨探伤进度示意图、钢轨伤损分析管理图，探伤工作日志、钢轨伤损记录簿、重伤钢轨登记簿。

第五十一条 工务段（桥工段）应建立健全台账、报表，定期进行钢轨伤损分析。

第五十二条 钢轨探伤车和钢轨探伤仪的检查、分析报告要按《铁路线路修理规则》的规定上报。

第二节 探伤设备信息管理

第五十三条 应建立健全探伤设备、器材台账。

第五十四条 探伤仪检修及复验后的测试结果应进行记录和备案。

第六章 附 则

第五十五条 本规则由铁道部运输局负责解释。

第五十六条 本规则自2006年12月1日起施行。同时铁道部原发《钢轨探伤管理规则》(铁工务〔1995〕144号）废止。

附件 1：

探伤仪性能检测内容

序号	项目	月检	季检	年检
1	水平线性	●	●	●
2	垂直线性	●	●	●
3	动态范围	●	●	●
4	分辨力			●
5	稳压性能			●
6	灵敏度余量	●	●	●
7	距离幅度特性			●
8	缺陷检出能力	●	●	●
9	探头折射角误差		●	●
10	探头相对灵敏度	●	●	●
11	探头楔内回波		●	●
12	探头小车走行部分	●	●	●
13	探头、保护膜及电缆、接插件	●	●	●
14	探头架压力及紧固螺栓	●	●	●
15	70°探头在探头架上的偏角	●	●	●
16	探伤小车翻板及翻板手柄	●	●	●
17	水管及水管阀门	●	●	●
18	探头提升装置	●	●	●
19	探伤仪器外观及旋钮、开关	●	●	●

附件 2：

GTS-60C 试块

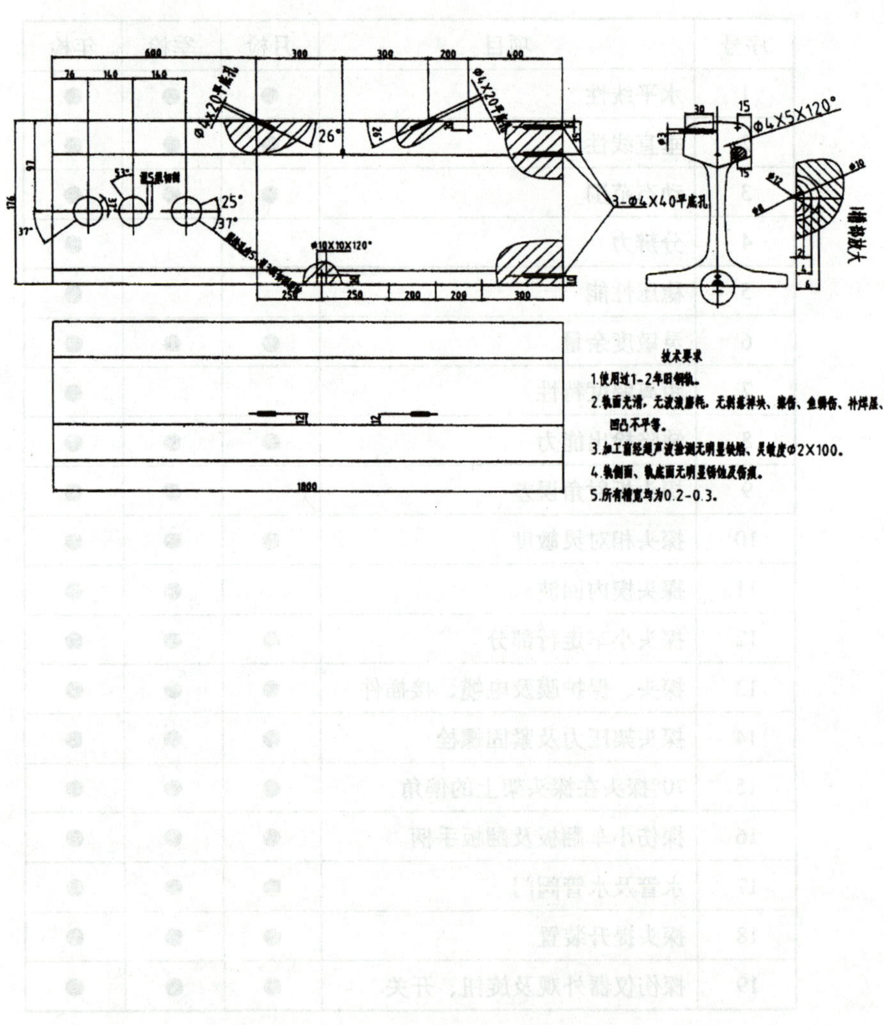

主题词：运输　钢轨　规定　通知

抄送：中铁工程、建筑公司，铁科院，铁道部基础设施检测中心，部内计划、劳卫、科技、建设、安监司。

铁道部办公厅　　　　　　　　　2006 年 11 月 14 日印发

参考文献

[1] 叶霞飞，顾保南. 城市轨道交通规划与设计. 北京：中国铁道出版社，1999.

[2] 何宗华，汪松滋，何其光. 城市轨道交通土建设施运行与维修. 北京：中国建筑工业出版社，2006.

[3] 毛保华，姜帆，刘迁，等. 城市轨道交通. 北京：科学出版社，2001.

[4] 赵惠祥，谭复兴，叶霞飞. 城市轨道交通土建工程. 北京：中国铁道出版社，2000.

[5] 曾向荣，吴建忠，孙大新，等. 首都机场线直线电机系统的轨道设计与创新. 都市快轨交通，2009，22（1）：62－66.

[6] 于春华. 城轨交通轨道维修工作内容和管理模式的探讨. 都市快轨交通，2007，20（6）：72－75.

[7] 中华人民共和国铁道部. 铁路线路修理规则. 北京：中国铁道出版社，2006.

[8] 广州市地下铁道总公司，广州市地下铁道设计研究院. 广州地铁二号线设计总结. 北京：科学出版社，2005.